AF742663

www.ingramcontent.com/pod-product-compliance
Lightning Source LLC
LaVergne TN
LVHW050818051026
849532LV00008B/3010

* 9 7 8 9 3 6 9 0 8 4 2 8 9 *

نقد و نظر

(حصہ : ۴)

ایس۔ اے۔ شکور

(ادارہ ادبیاتِ اردو)

© Idara-e-Adabiyat-e-Urdu

Naqd-O-Nazr : Part-4 *(Literary Essays)*

by: S.A. Shukoor

Edition: September '2025

Publisher :

Taemeer Publications LLC (Michigan, USA / Hyderabad, India)

ISBN 978-93-6908-428-9

کتاب	:	**نقد و نظر** (حصہ : ۴)
مرتب	:	**ایس۔ اے۔ شکور** (ادارہ ادبیاتِ اردو)
صنف	:	تحقیق و تنقید
ناشر	:	تعمیر پبلی کیشنز (حیدرآباد، انڈیا)
سالِ اشاعت	:	۲۰۲۵ء
صفحات	:	۶۲
سرورق ڈیزائن	:	تعمیر ویب ڈیزائن

فہرست

ادبی تنقید

مرسلہ سید رفیع الدین قادری

ڈاکٹر سید محی الدین قادری زورؔ

جب ہم ادبی تنقید کی طرف مائل ہوتے ہیں تو ہم کو ان چار امور پر نظر رکھنی پڑتی ہے جن میں سے ہر ایک مہتمم بالشان ہے۔(۱) مطالب و معنی (۲) اسلوبِ بیان (۳) مصنف کی ذاتیات (۴) اثر

(۱) **مطالب و معنی:**

برگ درختان سبز در نظر ہوشیار ہر ورقے دفتریست معرفت کردگار

قدرت کی ہر چیز میں اس قسم کی قابلیت ودیعت ہے کہ وہ بڑے سے بڑے مضمون کا عنوان بن سکے اور یہی وجہ ہے کہ دنیا کے لٹریچر اور معلومات کا ذخیرہ کسی نقطہ معینہ پر نہیں ٹھہرتا بلکہ آگے ہی آگے بڑھتا چلا جاتا ہے۔ایک مصنف کسی مضمون کو لکھتا ہے اور یہ خیال کرتا ہے کہ میں اس پر اب ایسی روشنی ڈال چکا ہوں کہ آئندہ کے لیے جدت تخیل کا سد باب ہو گیا لیکن وہ یہ دیکھ کر متعجب ہوتا ہے کہ اس کا مضمون دوسرے مضمون نگاروں کے لیے تخم کا کام دیتا ہے اور وہ اس سے ایسے بڑے برے بار آور درخت پیدا کر دیتے ہیں جن کا اس پر پہلے بھی قلم اٹھ چکا ہے یہ کہا تھا کہ:

حریفاں بادہ ہا خوردند و رفتند تہی خم خانہ ہا کردند و رفتند

اگر آج زندہ ہو جائے اور دیکھے کہ اسی مضمون پر بعد میں بھی قلم اٹھایا گیا ہے اور ان ہی خالی خم خانوں سے سرشار کر نکلے ہیں تو اپنے قول پر شرمندہ ہو جائے۔

وکٹر ہیو گو کا قول ہے''ہر چیز ایک عنوان ہے اور ہر چیز کسی صاحب کمال کی منتظر ہے، وہی پیش پا افتادہ باتیں جن پر قلم اٹھانا کسی زمانے میں خلاف علمیت سمجھا جاتا تھا آج دنیائے علم و ادب میں پُرعظمت نگاہوں سے دیکھی جا رہی ہیں انوران پر روشنی ڈالنا اپنے معراج کمال کا ثبوت دینا ہے''۔یہی وجہ ہے کہ ہربرٹ اوِلس یہ کہنے پر مجبور ہے کہ''جو کچھ دنیا میں ہو سکتا ہے بیان کیا جا سکتا ہے، لیکن ضرورت ایسے آدمی کی ہے جو اس کو بیان کرنا جانتا ہو''۔اسی طرح سے یہ کہنا کہ فلاں عنوان پر مضمون کامیاب لکھا جا سکتا ہے اور فلاں عنوان پر نہیں، بالکل غلط ہے کامیابی کا انحصار مضمون پر نہیں بلکہ مضمون نگار پر ہے۔یہ قول وکٹر ہیو گو شاعری کے لیے کوئی مضمون اچھا اور کوئی مضمون برا نہیں ہوتا بلکہ اچھے اور برے شاعر ہوتے ہیں''اس لیے جب کسی مضمون پر ہم تنقید کرنی چاہیں تو سب سے پہلے ہمیں چاہیے کہ یہ دیکھ لیں، مضمون نگار کیا کہنا چاہتا ہے اور کیا کہہ رہا ہے، ٹینی سن لکھتا ہے کہ''قابل توجہ یہ بات نہیں کہ ہم کیا کہہ رہے ہیں بلکہ یہ کہ ہم کیا کہنا چاہتے ہیں اور کیا کہتے ہیں''اسی لحاظ سے علامہ ابن لدرون نے''الفاظ کو پیالہ اور معنی کو پانی قرار دیا ہے کہ پانی کو چاہو سونے کے پیالے میں بھرلو چاہو مٹی کے لیکن سونے کے پیالے میں اس کی قدر بڑھ جاتی ہے اس کا یہ مطلب نہیں اختلاف ظروف سے پانی کی ماہیت میں تغیر آ جاتا ہے مثلاً سونے کے پیالے میں زہر اور مٹی کے

پیالے میں امرت ہوتو وہ خوش گوار وصحت بخش اور یہ ناگوار وتکلیف دہ ہوگا جب آب شیریں ہونے اور مٹی کے پیالے میں ہوتو دونوں حالتوں میں وہ شیریں ہی رہے گا۔البتہ ظاہرہ خوش نمائی اور دل آویزی میں تفاوت ہوگا''۔غرض یہ کہ معنی اور مطالب صرف الفاظ کے تابع ہیں اور ہر شخص کے ذہن میں موجود ہیں ضرورت اس بات کی ہے کہ ان مطالب کو بہترین طور پر ادا کرنا سیکھیں اور حتی الامکان اس بات کی کوشش کریں کہ معنی الفاظ اور اصوات الفاظ ہم آہنگی رہے۔

(۲) اسلوب بیان:

آئرلینڈ کا مشہور آفاق مصور فطرت شاعر ڈبلیو بی ایٹس لکھتا ہے''ادب میں زبان کو بہ حیثیت زبان نہیں ملحوظ رکھا جاتا بلکہ فن لطیف کی حیثیت سے اور وہ فن لطیف جس کا ذریعہ اظہار زبان ہو ادب یا لٹریچر کہلاتا ہے'' جیسا کہ ہم اوپر کہہ آئے ہیں،معانی الفاظ اور اصوات الفاظ کی ہم آہنگی ادبی کامیابی ہے۔حروف الفاظ اور اصوات الفاظ دونوں مل کر پڑھنے اور سننے والے کے ذہن کو متاثر کرتے ہیں۔اگر یہ دونوں ایک دوسرے کا ساتھ نہ دیں تو عقل وسماعت پر بجائے اثر واحد کا حکم رکھنے کا دوجداگانہ اثر ڈالیں گے جو ادبی ناکامی کا سب سے بڑا ثبوت ہے بر خلاف اس کے یہ دونوں اگر مساوی قوت عمل سے مدغم و منضم ہو کر واحد اثر پیدا کریں تو زبان میں۔بہ لحاظ فصاحت ایک اسلوب خاص پیدا ہو جائے گا اور جس تحریر میں کوئی اسلوب خاص نہ ہو وہ تحریر ادبی نہیں ہوسکتی۔الٹیس کا یہ خیال ہ کہ''ادبی تحریر اور عام تحریر میں بہت بڑا فرق ہے اس لیے کہ ادبی تحریر کسی مضمر خیال یا تحریک کو اس طور سے جامہ پہناتی ہے جس طرح سے کہ جسم پوشیدہ روح کو ملبوس کر لیتا ہے''۔اس کے علاوہ ادبی تحریر فنون لطیفہ سے ہے اور اس کی تعریف جے جاوس یوں کرتا ہے کہ''یہ فن لطیف اس غیر معمولی محسوس شئے کی رغبت کو کہتے ہیں جس کا اختتام جمالیات پر ہو'' مشہور انگریزی مصنف آر ال اسٹینوس نے تحریر کے اسلوب یا پیرایہ کے متعلق جن الفاظ میں بحث کی ہے وہ حسب ذیل ہیں:

''ہر جملہ میں بجز اس کے کہ وہ بہت ہی مختصر ہو ایک قسم کا عقدہ یا گروہ ہوتی ہے ایک حد اس تک مطلب میں بہ تدریج تعقید یا ایک طرح کا اجمال بڑھتا جاتا ہے اور اس کے بعد چل یعنی تفصیل کا درجہ آتا ہے فن کلام کا اقتضا یہ ہے کہ اسی طبعی اجمال و تفصیل یا حل وقد خیالات کے مقابلہ الفاظ یا جملہ میں بھی اسی قسم کا حل وعقد بالمقابل پایا جائے۔جب تک خیالات کے عقدے کے مقابل میں الفاظ میں بھی تعقید نہ ہوگی کلام کے دوجداگانہ اثر جو عقل وسماعت رہونے چاہیے تھے بجائے مجموعی واحد اثر پیدا کرنے کے ایک دوسرے کے مخالف اثر پیدا کریں گے لہٰذا کلام کے تاوپود میں معانی الفاظ اور اصوات الفاظ کا ایک انداز مخاص میں ہونا ضروری ہے کلام کا وہ اثر ہی جو سامع سے تعلق رکھتا ہے فصاحت کی بنیاد ہے اور خوبی کلام بہ نسبت کسی اور چیز کے زیادہ تر اسی پر موقوف ہے اس بات میں مصنف کو نظم کی نسبت نثر میں زیادہ آزادی و سہولت رہتی ہے۔ نظم کا نمونہ زیادہ مشکل ہوتا ہے نیز ہمیں ایک انداز خاص سامع کے مطابق بنالینا چنداں مشکل نہیں اس کے بعد صرف اتنا کام باقی رہ جاتا ہے کہ مصنف پر لطف تنوع سے کام لے کر تکرار واعادہ الفاظ سے حتی الامکان گریز کریں''۔

(۳) مصنف کی ذاتیات:

لٹریچر انسانی زندگی کی تفسیر ہے،پر عظمت زندگیوں کے حالات اور سوانح زندگی اکثر ان کی بیوگرافی اور سوانح عمریوں سے معلوم کیے جاتے ہیں۔لیکن خود مصنف کا قلم اس کی تصنیفات میں جو اس کا کامل مرقع کھینچتا ہے وہ حقیقی اور اصلی ہوتا ہے۔دوستوں کے قلم صرف اس کے ظاہری قد وخال کا خاکہ کھینچ سکتے ہیں۔لیکن قلب کی گہرائیوں میں جو رموز واسرار مضمر ہیں ان کی تصویر کشی کے لیے جو رنگ درکار ہیں ان کا دوسروں کو میسر آنا دشوار ہے جب کسی کتاب کا آپ مطالعہ کریں تو آپ کو معلوم ہو جائے گا کہ مصنف کی ذاتیات غیر مضمر طور پر اس میں اپنی

جھلکیاں دکھا رہی ہیں گویا تصنیف ایک آئینہ ہوتا ہے جس میں مصنف مع اپنی قلبی گہرائیوں کے نظر آجاتا ہے اور وہی تصنیف زیادہ مقبول و محمود ہوتی ہے۔جس میں مصنف اپنے نفس کی چوریاں اور قلبی نفاستوں کو کھول کھول کر بیان کرتا ہے۔ یہی وجہ ہے کہ جب کبھی وہ کچھ بول اٹھتا ہے تو دوسروں کو ایسا معلوم ہوتا ہے کہ گویا ان کے دل کے رازوں کو فاش کر رہا ہے، دیکھنا تقریر کی لذت کہ جو اس نے کہا میں نے یہ جانا کہ گویا یہ بھی میرے دل میں ہے۔ لارڈ میکاولے کا قول ہے کہ:

''مصور صرف اشیاء خارجی کا صحیح نقشہ اتار سکتا ہے، انسان کا بطون جہاں کہیں مصور کی رسائی نہیں، صرف شاعر ہی کا قلم رو ہے۔ نفس انسان کی باریک گہری اور بوقلموں کیفیات صرف الفاظ ہی کے ذریعہ سے ظاہر ہو سکتی ہیں۔ شاعری کائنات کی تمام اشیاء خارجی و ذہنی کا نقشہ اُتار سکتی ہے۔ عالم محسوسات دولت کے انقلابات سیرت انسانی تمام چیزیں جو فی الحقیقت موجود ہیں اور تمام وہ چیزیں جن کا تصور مختلف اشیاء کے اجزا کو ایک دوسرے سے ملا کیا جاسکتا ہے۔ سب شاعر کی سلطنت میں محصور ہیں''۔ (مقدمہ حالی)

غرض یہ کہ مصنف اور نقاد دونوں کو ہمیشہ اس امر کا لحاظ رکھنا پڑتا ہے کہ تنگ نظری اور خود غرضی کا دخل نہ ہونے پائے ورنہ دونوں اپنے اپنے مقاصد میں ناکام رہ جاتے ہیں کارلائل کا خیال ہے کہ ''خلوص، بے غرضی اور وسعت خیال کے بغیر کوئی شخص شاعر ہو ہی نہیں سکتا، ٹنی سن کے حسب وطن کا جذبہ تنگ نظری کی شکل میں جا بجا اس کی نظموں میں دکھائی دیتا ہے اور شیکسپیر کی بلند اور وسیع نظری غیر قوموں کا بھی جہاں ذکر کرتی ہے فیاضی سے کام لیتی ہے۔ غالب کی خودداری اور سرسید کا خلوص تصانیف میں چھپائے نہیں چھپتا ہے۔ کمرے کے وشن دانوں میں اگر متفرق رنگ کے شیشے لگائے جائیں تو (حالاں کہ آفتاب کی شعاعیں ان سب پر یکساں پڑتی ہیں) ہر شیشہ اپنا الگ الگ رنگ کمرے میں منعکس کرے گا اسی طرح سے ایک ہی مضمون پر متفرق مضمون نگار اپنی ذاتیات کے اثر سے مختلف طور پر روشنی ڈالتے ہیں۔ مشہور فسانہ نگار اڈ گارلن پو کا مقولہ ہے کہ ''روح کے پردے میں سے ہمارے احساسات کو جو کچھ محسوس ہوتا ہے اس کی تشریح کو فن لطیف کہتے ہیں''۔

(۴) اثر:

جو مصنف روح کے پردے میں جو کچھ محسوس کرتا ہے اسی کی تشریح کرتا ہے اور ضمیر کی وفاداری میں استواری سے کام لیتا ہے وہی اثر ڈالنے میں کامیاب رہتا ہے اور اسی وقت اس کی تصنیف ادب لطیف کے پہلو میں رکھی جاتی ہے اس لیے کہ بقول میا کن ''قدرت نے انسان میں جن سرمدی اشیاء کو ودیعت کیا ہے اسی کے اظہار کو ادب لطیف کہتے ہیں''۔ اسی قسم کا خیال کسی اور لائق مصنف نے بھی ظاہر کیا ہے کہ ''شاعری دنیا کے پوشیدہ جمال پر سے پردہ اٹھا دیتی ہے اور اشیا کو اس طرح مانوس کرتی ہے گویا وہ پہلے غیر مانوس تھے''۔

بدھ مت جو اشیاء کے قدیم ترین مذاہب سے ہے اور جس نے ہندوستان سے گزر کر چین اور جاپان میں اپنے قدم جمائے، مکتی یا نجات کے دو اصل الاصل ہیں، ایک تو وہ ہے جو بیرونی اثر کا ممنون منت ہے اور دوسرے وہ جو صرف باطنی یا روحانی اثر پر مبنی ہے موخر الذکر طریقہ کو سوین برن نے شاعرانہ پہلو میں یوں بیان کیا ہے:

> ''جو کچھ روشنی ہم پر پڑتی ہے یا پڑ سکتی ہے۔ وہ بیرونی اثر سے نہیں پڑتی بلکہ صرف باطنی ہی سے پڑ سکتی ہے اس لیے کہ ہماری صداقت ازل کی ایک ابدی شمع ہے اس سراج منیر کی ضیائے فیاضی کے بغیر انسان کوئی صداقت، کوئی طاقت، کوئی راحت رہبری کا ذریعہ اور گناہ سے بچنے کا کوئی طریقہ حاصل نہیں کر سکتا''۔

ان دو متذکرہ بالا طریقوں کی وجہ سے ادبی حلقوں میں بھی اختلاف پیدا ہو گیا ہے بعض کا یہ خیال ہے جیسا کہ برونگ کہتا ہے کہ ''تعلیم سے مراد اس سد باب کو دور کر دینا ہے جس کی وجہ سے مقید مخفی عظمت و علمیت ظاہر ہو سکے نہ کہ اس روشنی کو داخل کرنے کی کوشش کرنا جو بیرونی ہو''۔ یہی بہترین طریقہ تعلیم جس کی رسکن ان الفاظ میں تعریف کرتا ہے کہ ''انسان کی فطری استعداد اور رجحان کو دریافت کرنا اور اس کو بہترین طریقہ استعمال پر لانا واقعی اور حقیقی ہے اس لیے کہ اس میں بہ نسبت ذاتی اعتماد اور تیقن کے ہم دردی اور مدد کی ضرورت ہے۔

اسی اختلاف آرا کی وجہ سے ادبی تنقید پر مضمون لکھتے وقت ہم کو زیادہ احتیاط سے کام لینا پڑتا ہے بعض حضرت کا تو یہ خیال ہے کہ ادبی تنقید کو بھی اسی طرح سے سیکھنا چاہیے جس طرح سے گرامر یا قواعد سیکھی جاتی ہے یعنی اسما صفات وافعال کے تناسب، تسلسل و تعلقات یاد کروا دیئے جاتے ہیں۔ادبی تنقید پر جس قدر مضامین لکھے جاتے ہیں ان میں سے اکثر میں ادبی تنقید کے صرف ایک ہی حصہ یعنی علم بیان سے بحث کی جاتی ہے۔لیکن یہ واضح ہونا چاہیے کہ ادبی تنقید اور علم بیان ایک دوسرے سے بالکل جدا ہیں۔

بیان لٹریچر:

لٹریچر کے متعلقہ بیرونی واقعات کے لیے اسما مصطلحات کا ذریعہ مہیا کر دیتا ہے۔

تنقید: ذہنی و روحانی آزادانہ ردعمل کو کہتے ہیں جو کسی کام کے دیکھنے سے پیدا ہوتا ہے۔

بیان: قواعد کا بکھیڑا ہے۔

تنقید: آخری اور قطعی فیصلہ ہوا کرتی ہے۔

بیان: اپنے ساتھی فن عروض کی طرح لٹریچر کے ظاہری اشکال کے تجربہ اور تسمیہ کا کام دیتا ہے۔

تنقید: آپ کا ذاتی یا شخصی اظہار ہے۔جیسا کہ کسی طور پر کسی نظم یا نثر سے آپ متاثر ہوتے ہیں۔لیکن ہر ادبی تفصیل فیصلہ کے وقت ان دونوں میں فطری طور پر چولی دامن کا ساتھ ہوتا ہے۔پس ایک نقاد کے لیے اس بات کی بھی سخت ضرورت ہے کہ وہ اصطلاحات علمیہ محاورات روزمرہ ادبی شعبوں کی اقسام، نظم و نثر نگاری کے متفرق طریقے فن عروض اور فنون بلاغت و فصاحت کے معلومات بہم پہنچائے لیکن صرف اس قسم کی معلومات پر گھمنڈ اور فخر کرنا بھی خوف ناک ہے اس لیے کہ ہر کامل تصنیف دنیائے علم و ادب میں ایک انقلاب پیدا کرتی ہے۔وہ نہ صرف مقررہ قواعد و ضوابط کی پابندی سے بری رہتی ہے بلکہ نئے نئے قواعد اور وسیع ضوابط قبول کرنے پر زبان اور اہل زبان کو راغب کر دیتی ہے۔انگریزی میں شیکسپیئر کی تصانیف کے لیے نئی لغات اور نئی قواعد مرتب کرنی پڑی۔

کارلائل کے اسلوب بیان اور نہج زبان پر گو اس کے معاصرین نقاد نے اعتراضات کی بارش برسائی اور ایمرسن جیسا شخص بھی طعن کے بغیر نہ رہا۔لیکن بعد میں اس کے کمال کے آگے سب کو سر تسلیم خم کرتے ہوئے اپنے پہلوئے تنقید کو وسیع کرنا پڑا اردو میں سرسید کی زبان بھی قواد اور اس کے متعلقات سے بالکل بری تھی۔وہ دلی کی بول چال پر قانع اور قواعد کو اپنے جذبات کا محکوم رکھتے،یہی وجہ ہے کہ سرسید کی تحریروں نے اس زمانے کی طرز تحریر کو بدل دیا اور لکھنے والوں کی بیان میں روانی،سادگی اور آزادگی پیدا کر دی۔غرض یہ کہ ہر کامل تصنیف سے نقادان فن کے پائے استقلال غیر ارادی طور پر ڈگمگانے لگتے ہیں۔

ہر زبان کے ادب عالیہ میں وہی کتابیں بہترین نظر آئیں گی جن کے مصنفین نے قواعد و ضوابط کی منت کشی اور اندھا دھند تقلید کو اپنے

لیے عار سمجھتا تھا اور ہمیشہ اس بات کی کوشش کی تھی کہ قدیم ڈگر سے ہٹ کر چلیں۔ اکثر ایسا ہوا کہ جن ادبی شاہ راہوں کو چھوڑ کر ان آزاد منتوں نے اپنے لیے ایک نیا جادہ ڈھونڈ نکالا تھا ان کے بعد ہی وہ شاہ راہیں مٹ کر بے نشان ہو گئیں اور ان کا خود پیدا کردہ جادہ، شاہ راہ کی شکل میں منتقل ہو گیا اور نقادان کی آزادی پر دانت پیستے ہی رہ گئے۔ مشہور فرانسیسی آزادی گارمان کا خیال ہے کہ ''مصنف کا سب سے بڑا جرم تنگی خیال، تقلید اور قواعد ضوابط کی پابندی ہے''۔ یہ خیال بھی اسی بات کی تلقین کرتا ہے کہ مصنف کو آزاد رہنا چاہیے اور ضمیر جو کچھ حکم دے اس کو وفاداری کے ساتھ ظاہر کرنا چاہیے۔ حقیقی مصنف اور مخلص نقاد دونوں اس خیال پر عمل پیرا ہونے سے کامیاب ہو سکتے ہیں لیکن جس میں یہ صفات نہ ہوں اور وہ علوم و فنون سے مستغنی ہو تو بھی کامیاب مصنف نہیں بنسکتا اس بارے میں اہل عرب کا خیال ہے کہ ''شاعر جس قدر علوم رسمی سے بے بہرہ ہوگا اسی قدر بڑا شاعر ہوگا'' اس پر علامہ شبلی اپنی رائے یوں ظاہر کرتے ہیں۔ ''یہی بات ہے کہ شعرائے جاہلیت کی برابری شعرائے اسلام نہیں کر سکتے۔ فارسی میں دیکھئے تو ہر شخص جانتا ہے کہ فردوسی انوری اور نظامی کے مقابلہ میں جاہل تھا تاہم انوری کو اس کی عبودیت کا اقرار ہے اور نظامی کہتے ہیں:

کہ آراست زلف سخن چوں عروس

جامی علم و فضل میں نظامی سے بڑھ کر ہیں، مولانا حالی مقدمہ شعر و شاعری میں ابن رشیق سے نقل کرتے ہیں کہ ایک بار اساتذہ کے کلام پر تفصیلی نظر ڈال کر اس کو صفحہ خاطر سے محو کر دینا چاہیے۔ کیوں کہ اس کا بعینہ ذہن میں محفوظ رہنا ویسی ترکیبوں اور اسلوبوں کے استعمال کرنے سے ہمیشہ مانع ہوگا۔ لیکن جب وہ کلام صفحہ خاطر محو ہو جائے گا تو بہ سبب اس رنگ کے جو کلام بلغا کی سیر کرنے سے طبیعت پر خود بہ خود چڑھ گیا ہے اس میں ایک ایسا ملکہ پیدا ہو جائے گا کہ ویسی ہی ترکیبیں اور اسلوب جیسے کہ اساتذہ کے کلام میں واقع ہوئے ہیں دوسرے لفظوں میں خود بہ خود بغیر اس تصور کے کہ یہ ترکیب فلاں ترکیب پر مبنی ہے اور یہ اسلوب فلاں اسلوب کا چربہ ہے جیسی ضرورت پڑے گی بتاتا چلا جائے گا''۔

اگر ہر علم بیان اور فن عروض سے بہت کم واقف ہیں لیکن شخصیت میں صداقت ہے اور ہمارا مذاق صحیح ہے تو ہم بہترین سے بہترین تنقید لکھ سکتے ہیں۔ بہترین نقاد وہی ہو سکتا ہے۔ جس کی تعریف موجودہ فرانسیسی لٹریچر کا علم بردار اور دنیا کا ایک سر برآوردہ مصنف اناطول فرانس، ان الفاظ میں کرتا ہے ''اعلیٰ نقاد وہی ہے جو ان مہمات کو بیان کرتا ہے جس کو اس کی روح ادبی شہ پاروں میں طے کرتی ہے''۔

{رسالہ ''تحفہ'' جلد (۱)، شمارہ (۵)، مئی ۱۹۲۵ء}

مضامین ڈاکٹر سید محی الدین قادری زورؔ جلد اول، مرتب: سید رفیع الدین قادری

دھنورا: سماجی ارتقا کی تلخ داستاں

پروفیسر علی احمد فاطمی

عرصہ کے بعد ایک ایسا ناول ہاتھ لگا جس کا تعلق گاؤں دیہات سے ہے۔ گاؤں کا نام ہی ناول کا عنوان ہے جو ایک طرح سے مصنف کی گاؤں سے جذباتی وابستگی کو ظاہر کرتا ہے شاید اسی لیے ابتدا میں مصنف کم، گاؤں زیادہ بولتا ہے، اس سے بھی مصنف کے خلوص نیت اور جذباتی کیفیت کا اندازہ ہوتا ہے اور یہ بھی کہ وہ مرکز میں گاؤں کو رکھنا چاہتے ہیں لیکن مصنف کو پتہ ہے کہ گاؤں کا مطلب صرف گاؤں نہیں ہوتا یا کھیت یا باغ نہیں ہوتے، گاؤں کے انسان ہوتے ہیں،، مزدور کسان ہوتے ہیں۔ زمیندار ٹھاکر بھی ہوتے ہیں اور مولوی و پنڈت بھی اور ان سب کے درمیان مخلص ومخصوص رشتے ہوتے ہیں۔ دکھ سکھ کے رشتے۔ تیج و تیوہار۔ میلے ٹھیلے کے رشتے۔ ایک دیہی و زمینی کلچر ہوتا ہے جو شہر کے مقابلے میں ذرا الگ سا ہوتا ہے۔ اس علیحدگی میں گاؤ کا جغرافیہ تو کام کرتا ہی ہے، وسائل کی کمی کے باعث ایک معصوم سی انسانی رشتوں کی تشکیل کرتی ہے۔ وہ نفسیاتی اور لاشعوری طور پر ایک دوسرے کی ضرورت اور مصیبت کا سہارا بنتے ہیں، باہمی میل جول ان کی انسان اور سماجی ضرورت بھی ہ اور ذہنی ونفسیاتی جبلت بھی۔

گاؤں میں میلے ٹھیلے بھی ہوتے ہیں، بلیوں کی دوڑ ہوتی ہے اور بیل گاڑیوں کی خوبصورت قطار اور قطار کے ساتھ لہر دار آواز۔ یہ منظر دیکھئے:

> ''سامان سے لدی بیل گاڑیاں ایک پیچھے ایک س طرح قطار میں چل رہی ہوتیں گویا یہ سب الگ نہ ہوں بلکہ ریل کے ڈبوں کی طرح جڑی ہوں۔ ہوائی جہاز سے دیکھا جائے تو ایسا لگتا ہے گویا کوئی لمبا اژدہا چل رہا ہو۔ ایک دُھن اور سُر میں ہائے اللہ کرتے، گیت گاتے چلتے رہتے، عورتیں خوب لہک لہک کر گاتیں۔ عورتیں گوئی سا بھی گیت گاتیں سب ایک ساتھ سر سے سر ملانے کی کوشش کرتیں۔''

یہ سُر، یہ دُھن نہیں بلکہ ایک انجان سا دُھن ہے راحت اور مسرت کا خزانہ بھی جس سے ایک دیہی کلچر ابھرتا ہے جس میں انسانی تجربات کی بو باس، دکھ سکھ کے تجربات۔ میل محبت کا رس اور مٹھاس سبھی کچھ ہے ___ ناول نگار نے ان گیتوں کو پیش کر کے دیہی کلچر کی رنگارنگی اور لطف انگیزی کو بہتر طور پر پیش کرنے کی کوشش کی ہے۔ مصنف نے ایک جگہ لکھا ہے:

''خوب موج مستی ہوتی لمبا سفر چھوٹا ہو جاتا۔'' لیکن یہ سفر صرف میلے کا نہیں ہوتا زندگی کا بھی ہوتا ہے، چھوٹی چھوٹی خوشیوں میں بڑے بڑے غموں کو لمحاتی طور پر سہی بھلا دینے کی کوشش ہوتی ہے کہ دیہات کی زندگی غریبی مفلسی میں بھی راحت کی تلاش میں رہتی ہے، مگن رہتی ہے کبھی آم کا بور دیکھ کر کبھی زمین پر لہلہاتی کھیتی دیکھ کر اور کبھی آسمان پر قوس قزح دیکھ کر اس لیے کہ یہ سب کے سب زندگی اور قدرت کے ان سنے گیت گا رہے ہوتے ہیں۔ یہ ایک معصوم سی سچائی ہے جو صرف گاؤں میں پائی جاتی ہے اور تلخ سچائی یہ ہے کہ گاؤں ہو یا شہر ہر جگہ ہر طرح کے انسان ہوتے ہیں۔ بقول احتشام حسین:

''انسان جوان گنت روپ اختیار کرتا ہے جو آسانی کے ساتھ اپنے نہاں خانہ دل میں کسی کو جانے نہیں دیتا جو انفرادی اور سماجی مسائل پیدا کرتا ،انہیں الجھاتا اور سلجھاتا ہے اپنے ماضی کی مدد سے حال اور حال کی مدد سے مستقبل کو سمجھنے کی کوشش کرتا ہے۔ اس پردے میں وہ سماجی ارتقا کے عمل اور قانون کو سمجھنا چاہتا ہے۔''

[اردو ناول اور سماجی شعور]

یہی انسان کی فطرت ہے اور بوالعجبی بھی۔ یہی زندگی کی حقیقت ہے کہ وہ نیک و بد، شر اور شرافت کے تضاد پر ٹکی رہتی ہے۔ خواہ وہ شہر ہو یا گاؤں۔ صحیح یا غلط بات یہی سچی ہے کہ وقت کا دریا ہر جگہ بہتا رہتا ہے۔ انسان اپنی فطری جبلتوں اور سماج اپنی سنگلاخ حقیقتوں کے ساتھ دونوں جگہ موجزن رہتا ہے۔ ماحول کوئی بھی ہو، مرکز ومحور میں انسان ہی رہتا ہے جو تبدیلی چاہتا ہے اور آسانی بھی۔ وہی انسان کھیت جوتنے کے لیے بیلوں کی جگہ ٹریکٹر لاتا ہے جو کھیت میں کام آتا ہے اور شادی بیاہ میں بھی اور شاندار و نرالی قسم کی گالی بھی بکتا ہے کہ اس میں بھی ترقی ہونی تھی اور پھر یہ علاقائی جملے:

''شری گر ___ بھئی ہمارے لونڈے کی بارات جاوے گی''
بھیا موئے کا کرنو ہے
اپنا ٹریکٹر لے چلو ہو۔''

یا

''بھئی نیچے آ جاؤ۔
منہ ہاتھ دھو لیو اور گول اتر واؤ
یہی کھانا کھان گے۔''

اس طرح کے مکالموں سے ناول کی مقامی فضا ضرور بنتی ہے لیکن اگر مکالمے ناول کے مرکزی خیال سے بالواسطہ یا بلاواسطہ رشتہ نہیں رکھتے تو پھر وہ بے اثر سے لگنے لگتے ہیں۔ ناول میں ایک جگہ بارات کا منظر ہے جو صرف بارات نہیں ہے بلکہ دیہی تہذیب و ثقافت اور زندگی کی حقیقت کا منظر بن کر ابھرتا ہے۔ دیکھئے:

''گولن دار فقیرے نے ایک اور گولا داغا............ بزرگ ٹریکٹر میں دولہے کے ساتھ بیٹھے رہے باقی پیدل چل رہے تھے۔ گاؤں والوں نے ایک دو ڈھولکئے اور نچنئے بلا رکھے تھے۔ آگے آگے وہ ناچتے جاتے اور پیچھے پیچھے بارات۔ لڑکی بالیاں ادھر ادھر کھڑی بارات دیکھ رہی تھیں۔ اسکول کے احاطے میں بارات کے رکنے کا انتظام تھا۔ چار پائیاں اور زمین پر دریاں بچھی تھیں۔ کچھ حقے بھی رکھے تھے۔ بیڑی کے منڈل اور ماچس بھی رکھی تھیں ___ کچھ دیر بعد ہی بارات کا استقبال روح افزا کے شربت سے ہوا۔ نکاح کے بعد

کھانا کھانے کے لیے ایک بیٹھک میں لے جایا گیا۔ وہاں زمین پر تھان لمبائی میں بچھے تھے۔ باراتی بیٹھ گئے تو پراتوں اور تھالوں میں چاول۔ بورا اور بالٹیوں میں دال لیے لوگ حاضر تھے۔ بڑے مزے سے کھانا کھایا گیا۔''

ان جملوں میں نہ صرف دیہات کی شادی بلکہ زندگی جھلکی پڑتی ہے۔ ان کی دل کش پیش کش ناول نگار کے مشاہدے کو بھی پیش کرتی ہے۔ کسی نے سچ کہا ہے کہ ناول میں مشاہدہ صرف منظر بن کر نہیں بولتا بلکہ گوہر اور جوہر بن کے بولتا ہے اگر اس میں گہرا سماجی شعور بھی شامل ہو۔ احتشام حسین نے ٹھیک ہی کہا ہے:

''صنف ناول خود سماجی شعور کا مرہون منت ہے۔ اس شعور نے داستان کو کہانی اور ناول میں تبدیل کر دیا ہے۔''

لیکن وہ سوال بھی کرتے ہیں:

''لیکن کیا خود ناول میں یہ سماجی ارتقا یا گہرے سماجی شعور کا احساس و اظہار ملتا ہے۔ یہ بات بھی صرف غور کرنے کی بلکہ پتہ لگانے کی ہے۔''

ناول کے ان جملوں سے تخلیقی فضا تو بنتی ہے لیکن ناول کا ارتقا بنتا ہے یا نہیں یہ نکتہ بھی غور طلب نیز جغرافیائی شعور کے ساتھ سماجی شعور بنتا ہے یا نہیں یہ سوال بھی اپنی جگہ اہم ہے۔ یہ جملے ضرور چونکاتے ہیں:

''رات کی بارش نے راستوں کے مزاج بگاڑ دیے تھے۔ یوں بھی گاؤں میں چھوٹے چھوٹے راستے ہوتے ہیں۔ اتنے چھوٹے کہ ایک طرف سے ہی گاڑی نکلے۔ ایک بہت ہی پتلی گلی منہ پھاڑے کھڑی تھی۔ اس کی چھاتی کیچڑ سے لت پت تھی۔''

زندگی کا یہی تضاد ہے کہ کھلے ذہن اور چوڑے سینے والے کیچڑ میں لت پت رہتے ہیں۔ محنت کشوں کو دودھ تو ملتا ہے لیکن پانی نہیں ملتا۔ ان کی بھینس اکثر پانی میں چلی جاتی ہے خواہ وہ ٹریکٹر ہی کیوں نہ ہو۔ ناول ان ہی تضادات سے بنتا ہے۔ اس کے لیے صرف خوبصورت منظر و مکالمے کافی نہیں ہوتے۔ زندگی کے بدصورت منظروں سے خوبصورت تخلیق جنم لیتی ہے۔ اس کے لیے ٹریکٹر کا تیز رفتار ہونا اگر ضروری ہے تو کیچڑ میں اس کا پھنس جانا اس سے بھی زیادہ ضروری۔ اس لیے کہ ناول صرف ایک قصہ نہیں ہوتا، صرف بیانیہ نہیں ہوتا ہے۔ وہ صرف زندگی کا آئینہ بھی نہیں ہوتا بلکہ میوزیم میں رکھا ہوا وہ آئینہ جس کے عکس آڑے ترچھے دکھائی دیں۔ ممتاز شاعر جمال اویسی نے ناول پر ایک مضمون میں اچھی بات کہی:

''ناول زندگی کا آئینہ ہو سکتا ہے لیکن یہ آئینہ واضح، صاف اور واشگاف ہونے کے بجائے دھندلی، مٹیالی اور اصلی چہرے کو الٹا چھپٹا جیسا دکھلانے والا آئینہ ہوگا۔''

[ناول کو سمجھنے کی کوشش]

بدصورتی ہمیں اچھی نہیں لگتی لیکن اب اس کا کیا کیا جائے کہ زندگی کی بدصورتی سے ہی خوبصورت ناول جنم لیتا ہے۔ اسی لیے رول

فاکس نے ناول کو مہارزمیہ کہا ہے۔ زندگی کا مہاکاویہ۔ پریم چند نے بھی کہا تھا ''ہمیں حسن کا معیار بدلنا ہوگا اور انہوں نے بدل کر دکھا بھی دیا۔ ہوری۔ دھنیا۔ گھیسو، مادھو، بوڑھی کاکی جیسے معمولی اور بدصورت کرداروں میں ازلی حقیقت کا حسن اور معیار پیش کر کے۔ ظاہر ہے کہ اس میں غیر معمولی انسانی اور سماجی شعور کام کر رہا تھا۔ کہ اس کے بغیر کم از کم ناول ایک قدم بھی آگے نہیں بڑھ سکتا۔

اس ناول میں پرانے دور کا گاؤں دکھایا گیا ہے۔ کہا جا سکتا ہے کہ نئے گاؤں اب پرانے نہیں رہے۔ نہ کچے راستے، نہ کیچڑ اور نہ بیل گاڑی۔ لیکن یہ ناول اسی دور کا ہے جس دور کو مصنف نے بچپن میں اپنی آنکھوں سے دیکھا ہے۔ ایک جگہ لکھا ہے ''پرانا زمانہ تھا۔ زیادہ تر لوگ دو چار کلومیٹر (شاید اس وقت میں رہا ہو) تو پیدل ہی سفر کر لیا کرتے تھے۔ باقی گھوڑا، تانگہ، بیل گاڑی، بھینسا گاڑی وغیرہ کا استعمال بھی ہوا کرتا تھا۔'' معاملہ نئے اور پرانے سے نہیں ہے۔ زندگی سڑکوں اور مکانوں سے نہیں دیکھی جاتی ____ زندگی تو انسان سے دیکھی جاتی ہے، ان کے رویوں، رگڑوں جھگڑوں سے بنتی ہے اور بگڑتی بھی ہے جیسے پریم چند کے کردار اور ان کی ستم ظریفی آج بھی یاد کی جاتی ہے۔ دیہات کے بدل جانے سے پریم چند کے کرداروں کے دکھ درد، زندگی کا کرب اور روایتوں و رویوں کی اذیت تو نہیں بدل جاتی شکلیں بدل جاتی ہیں لیکن استحصال کی جبلت نہیں بدلتی۔ یہی وہ انسانی دردمندی ہے اور تخلیقی ہنرمندی جو گئو دان اور جنگ اور امن جیسے بڑے ناولوں کو زندہ رکھتی ہے بلکہ آج بھی قابل قدر بناتی ہے۔ دیکھیے اس ناول کا ایک جملہ یا پرانے دیہات کا یہ اخلاقی رویہ:

> ''دعوت مسلمانوں کی ہوتی تو غیر مسلم بھی ساتھ جاتے اور غیر مسلم دعوت دیتے تو رشتہ داروں کے ساتھ مسلم پڑوسی بھی ساتھ جاتے۔''

پرانے اور کچے گاؤں کے یہ محبت بھرے یہ رشتے پکے مکانوں اور پکی سڑکوں میں آکر کہیں بھٹک گئے ہیں۔ قید ہو کر رہ گئے ہیں۔ ایسے خوبصورت جملے ناول کی فضا کو ابھارتے ہیں بلکہ انسانی محبت کو بھی سرشار کرتے ہیں:

> ''اچانک مغرب کی طرف سے سیاہ بادلوں کا ایک جھنڈ جھومتا ہوا آیا اور اس نے سب سے پہلے چاند کے منہ پر کالک پوتی چاند مارے شرم کے ایسا غائب ہوا کہ چاروں طرف اندھیرا چھا گیا۔''
>
> چاند کی شرم ساری دیہات کے انسانوں کی سرشاری میں تبدیل ہو جاتی ہے۔ سب ایک ہو کر قدم بڑھاتے ہوئے اندھیروں کا سامنا کرتے ہیں۔ اب چاروں طرف بجلی کے آجانے سے یہ اتحاد معدوم ہو گیا۔ وہ چور ان روشنیوں میں کامیاب ہونے لگے جو اندھیروں میں ناکام ہو جایا کرتے تھے۔

اگلا باب (۵) خوشی کا اعلان تو کرتا ہے:

> ''گذرتے وقت کے ساتھ ساتھ گاؤں میں تبدیلی آرہی تھی۔ گاؤں کے کچھ بچے پڑھائی لکھائی میں اچھا کر رہے تھے۔''

یہ سب استاد منشی سکندر علی کی محنتوں کا نتیجہ تھا جو گاؤں کے معمولی ٹیچر تھے۔ شہر میں تو بڑی بڑی یونیورسٹیاں ہیں، بڑے بڑے پروفیسر

جو ادارے کو زوال کی طرف لے جا رہے ہیں۔ سیاسی لوگ ملک کو لوٹ رہے ہیں۔ ڈاکٹر مریضوں کو لوٹ رہا ہے۔ پولس عام آدمی کو لوٹ رہی ہے۔ غرض کہ لوٹ ہی لوٹ ہے پھر ایسے میں گاؤں کیسے محفوظ۔ ایک وقت تھا جب منشی سکندر علی گاندھی جی کی تحریک کی حمایت کرتے تھے۔ بلند شہر میں بھی ایک چوراہے پر قتل عام ہوا، آج وہی چوراہا کالا عام کہلاتا ہے۔ یہ تبدیلی بے حد معنی خیز ہے۔ قتل عام کو بھول کر کالا عام کو یاد رکھنا۔ خون کی لالی کو سیاہی میں بدل دینا۔ بدلتے ہوئے ہندوستان کی بے حسی و بے چینی کی عجیب داستان پیش کرتا ہے۔ یہ سوال ہر دور میں رہے ہیں جب نابینا اولاد کے والدین پوچھتے ہیں:

''اجی۔ اب کیا ہوگا؟''

یہ سوال صرف بیٹے کو لے کر نہیں ہے بلکہ زندگی کو لے کر ہے جو کل بھی اہمیت رکھتا تھا اور آج بھی اس سوال کی شدت میں کمی نہیں آئی ہے۔ تسلی کا ایک جواب جو کل بھی تھا اور آج بھی رواں دواں ہے:

''اللہ بڑا کارساز ہے! جب بھی کوئی ایک دروازہ بند کرتا ہے تو دیگر دروازہ کھول دیتا ہے۔''

لیکن کبھی کبھی نہیں کھلتا ____ تبھی تو یہ جملہ بے قراری میں نکلتا ہے:

''میں نے اللہ کا کیا بگاڑا تھا۔''

اور یہ جملہ بھی جو زندگی کا فلسفہ بن جاتا ہے، جو فلسفہ کم سہارا زیادہ بنتا ہے:

''وقت کسی کا نہیں رکتا۔ خوشی کا ہو یا غم کا، گذر ہی جاتا ہے۔''

زندگی کے یہ سپید و سیاہ چلتے ہی رہتے ہیں۔ تصویر، تقدیر اور تعبیر کے ساتھ کہ انسان پوری طاقت کے باوجود اکثر ناطاقتی کا شکار رہتا ہے۔ یہی زندگی کا سچ ہے جو ناول میں کرداروں، مکالموں اور حادثوں سے پھوٹتا ہے۔ عبدالطیف کا کردار تھوڑی دیر کے لیے آتا ہے لیکن اپنے اندھے پن سے سب کی آنکھیں کھول دیتا ہے۔ ناول یہاں سے بنتا ہے کہ ان کی بے جان لاٹھی جاندار انسانوں سے زیادہ کارگر ہوتی ہے اور زندگی کا سفر طے کراتی ہے۔ حکمت کے در بھی کھولتا ہے اور موسیقی کے پر بھی۔ ایک چھوٹا سا کردار مہابیر کا ہے۔ عجیب وغریب کردار۔ ایسے انوکھے کردار گاؤں میں ہی مل سکتے ہیں۔ دیکھیے:

> ''مہابیر گاؤں کا کھلنڈر تھا۔ خوب ہنسی مذاق کرتا۔ ہوا خارج کرنے میں ماہر تھا۔ وہ جب چاہتا زور دار دھماکہ کرتا۔ وہ اسے اپنا ہنر سمجھتا۔ خوب گیس بناتا اور محفلوں کو ہوادار بناتا رہتا۔''
>
> مہابیر کے بچپن سے ہی ایک آنکھ نہیں تھی۔ وہ ایک آنکھ ہونے کے سبب کانا ہے مگر لوگ تو دونوں آنکھیں رکھ کر بھی بالکل اندھے ہیں۔ عقل کے اندھے۔ اس نے اپنے غم کو یوں دھویا کہ ہنسی مذاق ٹھٹھے کرنا، ہوا خارج کرنے جیسی حرکات سے لوگوں کی تفریح کا سامان کرتا رہتا اور مست رہتا۔''

یہ کرداروں کے المیے ہیں اور المیے میں طربیہ کی تلاش۔ یہ زندگی کا کڑوا سچ ہے اور اسی سچ کی کڑواہٹ سے ناول میں مٹھاس اور گداز پیدا ہوتا ہے۔ ایسی متضاد صورت میں قصہ صرف قصہ نہیں رہ جاتا زندگی کے فلسفے کے قریب پہنچ جاتا ہے۔ ناول کا فنی و فکری پہلو یہی ہوا کرتا ہے کہ

وہ تخلیقی انداز میں فلسفۂ حیات کو پیش کرے جیسا کہ ڈی ایچ لارنس نے کہا ہے لیکن اس نے یہ بھی کہا ہے کہ فلسفہ ناول میں تحلیل ہو کر تہہ نشیں میں رچ بس جانا چاہئے۔ بالائی کی طرح اوپر اوپر نہیں تیرنا چاہئے۔ اس لیے کہ وہ ناول پہلے ہے فلسفہ بعد میں۔

گاؤں کی ترقی، بورنگ کا کام، ریڈیو کا گانا، گاؤں والوں کی حیرتیں۔

''بھئی واقعی عجب کی چیز ہے!''

آج یہ سب چیزیں معمول کا حصہ ہو چکی ہیں لیکن کل کے گاؤں میں یہ سب دائرہ حیرت میں آتی تھیں۔ ناول خود بہت کچھ کہے دیتا ہے کہ یہ گذشتہ دہائیوں کی یادگار ہے۔ دیکھئے باب (۷) تو ان جملوں سے شروع ہوتا ہے:

> ''بہت زمانے پہلے کی بات ہے جب کھانے کو تین وقت روٹی بھی نہیں ملا کرتی تھی........رہٹ پر بیلوں کی جوڑی گھومتی تھی۔ پانی کے ڈبے گھومتے ہوئے آتے اور کنویں سے پانی باہر نکالتے رہتے۔''

اس لیے ناول کو اسی سیاق میں لینے کی ضرورت ہے۔ ناول نگار نے پرانے ماحول کو خلق کرنے میں سانپ تک کا استعمال کیا ہے جو رات کو نکلتے ہیں جو کم زہریلے ہوتے ہیں اور انہیں لاٹھی سے مارا جاسکتا ہے لیکن انسانوں کی شکل میں ان چوروں کا کیا کیا جائے جو رات کے اندھیرے میں پوری فصل کو برباد کر جاتے ہیں۔ وہ سانپ سے زیادہ زہریلے ہوتے ہیں۔ یہ جملہ دیکھئے ''رات میں فصل چور بہت سرگرم ہوتے ہیں اور اچھی فصل کاٹ کر لے جاتے ہیں۔''

جا بجا کھیت، باغ، بوائی، جتائی کے مناظر میں ڈوبا ناول میل محبت اور محنت کو پیش تو کرتا ہے۔ دعوت کے منظر بھی آتے ہیں اور ان دعوتوں میں پوریوں کے ٹوکرے ہیں، کاشی پھل کی سبزیاں ہیں اور میٹھی کھیر بھی جس سے ناول بھی میٹھا میٹھا ہو جاتا ہے لیکن کڑواہٹ کے بغیر مٹھاس کی اپنی کیا اہمیت ــــــ یہ تھا مصنف کے بچپن کا گاؤں دھنوراجن کو یادوں کے سہارے گاؤں کے پرانے نقوش اور پرانے کلچر کو پیش کرتا ہے اور ناول دلچسپ پیرائے پڑھا جاتا ہے۔

باب آٹھ میں شہر جمشید پور آجاتا ہے۔ جھارکھنڈ کا صنعتی شہر۔ اس کا تعارف ہے اور بلند شہر سے رشتہ بھی جوڑ دیا گیا ہے۔ پگار اور پونگا میں ڈوبی جمشید پور کی زندگی منظم ومرتب تو ہے لیکن صنعت گری میں ڈوبی ہوئی۔ ناول دوسمت ضرور محسوس ہوتا ہے اور کبھی کبھی لگتا ہے کہ ناول کا سفر مصنف کا سفر ہے۔ احسن کا کردار مصنف کا کردار ہے۔ ناول کے خان صاحبان مصنف کا خاندان ہے۔ اس میں کوئی حرج تو نہیں لیکن ناول کا تسلسل بنا رہنا چاہئے۔ بدلاؤ اور پھیلاؤ کا تخلیقی جواز بھی ضروری ہے۔ دھنورا سے جمشید پور کا سفر اچانک شروع ہوتا ہے اور پھر اچانک ختم بھی ہو جاتا ہے۔ پھر وہی دھنورا گاؤں۔ اس بار ایک بچے کا کردار ابھرتا ہے۔ احسن جو غالباً مصنف کا ہی کردار ہے۔ لیکن کردار کم ابھرتے ہیں۔ گاؤں زیادہ ابھرتا ہے۔ مصنف خود لکھتا ہے:

> ''پورے ناول میں کوئی مرکزی کردار نہیں ہے۔ گاؤں کے مختلف لوگوں کے کردار ہیں جو چھوٹے بڑے تو ہو سکتے ہیں لیکن مجموعی طور پر اس میں کوئی ہیروئین نہیں ہے بلکہ مرکزیت حاصل ہے تو گاؤں دھنورا کو جسے ہم مرکزی کردار بھی کہہ سکتے ہیں اور یہ بالکل صحیح ہے کہ

گاؤں ہی مرکزی کردار بن کر ابھرتا ہے۔ یہ جملے بھی دیکھئے:

''گاؤں میں مسجد نہیں تھی۔ مندر تو تھا لیکن شمشان گھاٹ نہیں تھا۔ مردے گاؤں کے باہر کھڑنجے پر جلائے جاتے تھے بلکہ حیرانی کی بات ہے کہ ایک بڑا سا قبرستان موجود تھا۔ قبرستان چاروں طرف سے گھرا ہوا تھا۔ پچھم کی طرف شری گر کے کھیت اور ٹیوب ویل تھی جب کہ پورب کی طرف گڈریوں کے مکان کی دیوار تھی۔ اتر کی طرف اسماعیل اور ان کے بھا ئی بھتیجوں کے مکان تھے۔ بیچ میں ایک کچا دگڑا تھا اور دگڑے کے بالکل برابر میں کچھ اندر کچھ باہر ایک چھوٹی کنویاں تھی۔ یہ گرمیوں میں خاص کر جانوروں کا سہارا تھی۔ پورے محلے والے پینے اور جانوروں کیلئے یہیں سے پانی لے جاتے۔ دکھن کی طرف گوجروں کے کھیت تھے۔''

یہ منظر گاؤں کا بھرپور تعارف تو کراتا ہے لیکن کوئی ناول صرف تعارف یا جغرافیہ سے ناول نہیں بنتا۔ وہ بنتا ہے گاؤں کے لوگوں سے۔ بوڑھے جوان، کسان و مزدوروں سے، اس سے زیادہ زندگی کے تھپیڑوں سے لوکی گرمی اور برسات کی نرمی اپنی جگہ لیکن حالات وحادثات کی سر گرمی بلکہ سنگ دلی زندگی اور ناول کو آگے بڑھاتی ہے اور ناول کو ناول بناتی ہے۔ ناول میں ہمہ وقت میل ملاپ دیکھنے میں اچھا لگتا ہے لیکن ناول اچھا نہیں بنتا۔ ناول تو بنتا ہے بقول رال فاکس:

''ایک اچھا ناول فرد اور معاشرہ کی کشمکش کو پیش کرتا ہے۔ یہ ویسے ہی معاشرے میں پروان چڑھ سکتا ہے جہاں انسان اور سماج فرد اور معاشرے میں توازن ختم ہو گیا ہو۔''

گاؤں کے پس منظر میں ناول تو ایک کھردری کھاٹ ہے جس کے کھردرے پن کا اپنا ایک الگ مزہ ہے جس پر احسن سوتا ہے جہاں نیم کی چھاؤں ہے اور پچھوا ہوا بھی ___ لیکن ناول نیند کا آرام نہیں ہوتا زندگی کا آلام ہوتا ہے۔ آرام اور آلام کے تضاد سے زندگی کا تانا بانا بنتا ہے اور ناول کا بھی اس لیے صرف کھاٹ کا کھردرا ہونا بھی کافی نہیں۔ حالات وحادثات کا کھردرا ہونا ٹکراؤ پیدا ہونے سے بھی زیادہ ضروری ہے۔ ناول میں تعارف زیادہ ہے اور واقعات کا بیان زیادہ ہے جب کہ ناول صرف واقعہ کا بیان نہیں ہوتا وہ سماجی اور معاشی رشتوں کی کشمکش کی داستان ہوتا ہے اور فکر وشعور کا سفر بھی۔

ناول میں قصہ گاؤں کا ہو یا دو بھائیوں کا ___ کہانی اگر زندگی کی نہیں بنتی اور بڑے موضوع کو نہیں چھوتی تو بہت سارے سوال کھڑے کر دیتی ہے۔ قاری کو گاؤں کے جغرافیہ اور بھائیوں کی اولادوں سے زیادہ دلچسپی نہیں یہ سب تو وسائل ہوتے ہیں۔ خاندان میں بٹوارہ بھی اب عام بات ہو چکی ہے۔ محبتوں کے سلسلے بھی ٹوٹتے جا رہے ہیں۔ جب بھی ماوین اور مار فیق بڑھے گی، محبت اور انسانیت متاثر ہوگی۔ یہی وجہ ہے کہ جو محبت اور یگانگت ناول کے پہلے حصے میں دیکھنے کو ملتی ہے وہ رفتہ رفتہ کم ہوتی جاتی ہے۔ وقت نے منشی سکندر علی اور رشید خاں جیسے کرداروں کو ختم کر دیا گیا۔۔ اب چوریاں ہونے لگی ہیں اور دوریاں بھی بڑھنے لگی ہیں۔ اب تو قتل ہونے لگے ہیں۔ شعلے بلند ہونے لگے۔ بدلاؤ تو ہوگا لیکن بدلاؤ سے زندگی کتنی اور کیسی بدلتی ہے ناول کا اصل موضوع یہ ہے۔ گاؤں میں خاصے ہندو ہیں لیکن شمشان گھاٹ نہیں ہے۔ مکان کم ہیں۔ لیکن قبرستان ہے جس پر لوگوں کے قبضے ہو رہے ہیں۔ یہ قبضے مسلمانوں کے ہی ہے کہ انہیں سو گز زمین کی فکر ہے دو گز زمین کی نہیں۔ زبردستی

قبضے پر ایک خان کا سوال ہوتا ہے:

''کیسے بن جائے گی چار دیواری ہم کہاں جان گے؟ ہم بو نگے بٹو رے کہاں رکھن گے؟''

ایک بزرگ کا جواب:

''بھئی دیکھ حالات بہت خراب ہیں ملک کے حالات بھی۔ پھر ایسے میں ہمیں قبرستان کی حفاظت کرنی چاہئے ورنہ قبرستان کی زمین پر غیر مسلموں کا قبضہ ہوسکتا ہے۔''

گاؤں میں مل جل کر رہنے والے ہندو مسلمان پر ملک کے فرقہ وارانہ حالات وحادثات کا اثر تو پڑنا ہی تھا۔ اختلافات تو ہونے ہی تھے لیکن دلچسپ بات یہ ہے کہ یہ اختلافات مسلمانوں کے مابین زیادہ تھے۔ وجہ قبرستان تھی۔ یہ تو ایک بہانہ تھا جیسے بابری مسجد بہانہ تھی۔ یہ جملے دیکھئے:

''قبرستان کی چار دیواری تو اللہ کے کرم سے بن گئی تھی لیکن دلوں میں نفرت کا غبار باہر نکلنے کو بیتاب تھا۔''

''اب آنگن کا وہ تصور ختم ہوگیا تھا۔ دیوار مانو زمین پر تقسیم کی لکیر ہو جس سے دو ملک بٹ جاتے ہیں۔ یہاں ملک تو نہیں تھے لیکن گھر بٹ گئے تھے اور دلوں میں بٹوارہ ہوگیا تھا۔''

پریم چند نے ایک جگہ لکھا ہے کہ ناول کا مواد الماری میں بند کتابوں سے نہیں لیے جاتے بلکہ انسانی معاشرہ اور انسانی زندگی سے لیے جاتے ہیں۔ پریم چند نے یہ بھی کہا تھا کہ منطق وفلسفہ تو عالموں کے لیے ہوتا ہے۔ ناول عامیوں کے لیے، اس لیے کہ اس میں عام زندگی کے رگڑے جھگڑے ہوتے ہیں۔ عام آدمیوں کے مسئلے۔ اس ناول میں تو عام زندگی کے جھگڑے، تجربے اور محاورے ہیں اس لیے کہ یہ دیہات کی عام زندگی سے تعلق رکھتا ہے۔ یہ الگ بات ہے کہ اب وہ نہ دیہات رہے اور نہ وہ خلوص وسادگی جہاں مشاہدے وتجربے کی دنیا آباد رہتی تھی۔ جہاں دکھ درد کا ساجھا پن۔ بیٹی کا بیاہ، بچے کی پیدائش، فصل کی کٹائی میں صرف عام انسان مزدور، کسان ہوا کرتا تھا لیکن اب وہی مزدور کسان ہندو مسلمان ہوگیا ہے۔ بلا سنگھ بلوان اور دھنوان ہوگیا اور زمیندار بے بس وپریشان ____ اس لیے یہ ناول ان مشروط قارئین کو پسند ہی نہیں آسکتا جو زندگی کی لامتناہی وسعت کے بجائے کتاب ونصاب کی چوکھٹوں میں جیتے ہیں۔ الجھی ہوئی لفظیات اور اصطلاحات کو سادہ دیہات نظر آ ہی نہیں سکتے اور جب سادگی نظر نہیں آسکتی تو اس کے اندر کی گہرائی کیسے نظر آئے گی۔ وہ زندگی کو پیچیدگی اور اس سے زیادہ ژولیدگی میں تلاش کرتے ہیں اور اسی کو معیار ادب اور معیارِ نقد سمجھتے ہیں۔ وہ سادگی اور پیچیدگی میں تضاد دیکھتے ہیں۔ انہیں پتہ نہیں کہ سادگی میں گہرائی پیش کرنا زیادہ بڑا فن ہوا کرتا ہے۔ پریم چند کا دکھی چمار لکڑی چیرتے چیرتے مرجاتا ہے لیکن وہ گانٹھ چیر نہیں پاتا، نہ کفن کا مادہ سمجھ پاتا ہے کہ کفن کے لیے وہ بارہ روپے کہاں سے آئیں گے؟

کرشن چندر کا کچرا بابا نوزائیدہ مرے بچے کو پا کر مشفق بابا میں تبدیل ہوجاتا ہے اور منٹو کا عیاش گوپی ناتھ الہڑ طوائف کو بیٹی بنالیتا ہے اور شادی کرتا ہے۔ اس کی آنکھوں کی نمی جب منٹو سمجھ نہیں سکا تو یہ کتابی وکاغذی قسم کے نقاد کیا سمجھیں گے۔ کیونکہ زندگی اور اس کی پامال حقیقتیں ان کی تنقیدی شریعت میں ہیں ہی نہیں۔

ناول کا آخری باب ان جملوں سے شروع ہوتا ہے:

''پورے ملک میں زعفرانی رنگ چھا گیا تھا۔ خاص طور پر صوبے (یو پی) میں زعفرانی رنگ مزید کثیف ہو کر ابھرا تھا۔ حالات دن بہ دن غیر ہوتے جا رہے تھے۔''

یہ ناول اپنے پن سے غیر ہونے کی دلدوز داستان ہے۔ مندر اور مسجد میں بھی سنک اور اذان ہے۔ بہت کچھ بدل رہا ہے ساتھ میں یہ بدلاؤ بھی کہ آسمان کا شفاف نیلا رنگ جس سے رحمتوں کا نزول ہوتا ہے اور زمین کا گندمی رنگ جو گندم پیدا کر کے انسانوں کی بھوک مٹاتا ہے جس میں ہندو، مسلمان، مزدور، کسان سبھی شامل ہیں وہ سب کے سب اب زعفرانی رنگ میں ڈوب گیا۔ زمین آسمان دونوں بھگوا پرچموں سے لیس ہو گئے تھے بقول مصنف ''ہر طرف نفرت کا بول بالا تھا۔''

محبتوں اور رفاقتوں سے بھرا پڑا گاؤں دھنورا اب نفرت اور عصبیت کا شکار ہو چکا تھا۔ پرانی نسل رخصت ہو چکی تھی۔ نئی نسل قدرے تعلیم یافتہ تو تھی لیکن کہا جاتا ہے کہ اگر تعلیم میں، مذہب میں، عبادت میں نفرت گھل جائے تو پھر دھنورا جیسا گاؤں کیسے بچ سکتا ہے۔ ناول اس جملے پر ختم ہوتا ہے:

''کچھ دیر کے بعد لوگوں نے دیکھا کہ قافلہ (بھگوا سیاست دانوں کا) کچھ جدوجہد کے بعد گاؤں میں داخل ہو رہا تھا۔ نئی نسل قافلے کا انتظار کر رہی تھی۔''

نئی نسل کا یہ استقبال نئے ہندوستان کی بشارت ہے۔ بھگوا ہندوستان کی۔ جہاں ہندوستان کم ہندو مسلمان زیادہ ہیں۔ ہندو تو بہت زیادہ۔ تبھی یہ دعویٰ ''بھارت میں رہنا ہے تو ہندو بن کر رہنا ہوگا۔''

کچھ لوگوں کو یہ نعرہ بازی ناپسند آسکتی ہے۔ وہ فکر و فن کو سناٹے کی پرچھائیں مانتے ہیں لیکن وہ یہ بھول جاتے ہیں کہ بقول وارث علوی کہ شاعری آدھی زمین کے نیچے اور آدھی زمین کے اوپر ہوتی ہے۔ لیکن فکشن پورے طور پر زمین کے اوپر کی چیز ہوتا ہے۔ یوں بھی جب چاروں طرف شور و غل ہو، قتل و خون ہو تو پھر خاموشی اور سرگوشی کے معنی نہیں رہ جاتے۔ اگر تباہی کے حالات میں بھی بعض لوگوں کو پرچھائیوں کے پیچھے بھاگنے کا شوق ہے تو یہی کہا جا سکتا ہے کہ انہیں نہ اپنی زمین سے پیار ہے نہ ناول کی زمین سے۔ آپ کہہ سکتے ہیں کہ ناول کا فن زمین سے خواہ کتنا ہی تعلق رکھتا ہو وہ ایک ادبی صنف ہے اور ایک فن ہے اس لیے اس کو فن کے دائرے میں ہی رہنا چاہئے۔ بظاہر یہ باتیں درست ہو سکتی ہیں لیکن بحث ہو سکتی ہے کہ فن کا تصور کیا ہے اور اس کا مقصد کیا ہے۔ صداقت کی اپنی جمالیات ہوا کرتی ہے اور حقیقت کی اپنی شعریات۔ یہ شعریات اور جمالیات زمین سے پھوٹتی ہے آسمان سے نہیں ٹپکتی۔ سچائی اور سادگی سے لکھی گئی تحریر و تخلیق میں جمالیات نہیں ہوتی یہ بھی ایک بھرم ہے۔ پریم چند یونہی نہیں بڑے ہوئے۔ انہوں نے بدصورتی میں حسن پیدا کیا اور سادگی میں تہہ داری۔

چلئے میں یہ اعتراف کر لوں کہ تخلیق ادب میں زیادہ کھل کر کہنے کی ادا اچھی نہیں سمجھی جاتی ____ بہت کچھ ان کہا بھی کہا ہوا ہو جاتا ہے اسی کو فن سمجھا جاتا ہے۔ یہی فنی خصوصیت شاعری میں بطور خاص اور کبھی کبھی افسانہ میں پائی جاتی ہے۔ ناول چونکہ پھیلی ہوئی صنف ہے بقول ورجینا وولف ناول شتر مرغ کی طرح ہوتا ہے جو ہر چیز ہضم کر جاتا ہے اس لیے عام طور پر اس میں یہ وصف کم دکھائی دیتا ہے لیکن ناول میں بھی جو سطور میں ہوتا ہے اس سے زیادہ بین السطور میں ہوتا ہے۔ عمدہ اور ماہر ناول نگار منظر نگاری اور جذبات نگاری میں بہت کچھ کہہ جاتا ہے۔ یہ الگ

بات ہے کہ زیرنظر ناول میں یہ اوصاف نسبتاً کم ہیں لیکن جو کچھ ہے وہ بھی قابل قدر ہے۔ نہ اس میں غیر ضروری نسوانی کرداروں کی چمک ہے اور نہ عشق و محبت کی رمق لیکن حقیقت کی دمک ان کمیوں کو محسوس نہیں ہونے دیتی۔ نیا اردو ناول شہر کے ہنگاموں یا مسلمانوں کی مصیبتوں میں پھنس کر رہ گیا ہے۔ لیکن اب وہ نکل رہا ہے۔ تخم خوں، ہجور آما، کڑوے کریلے وغیرہ کی صورت میں جن کے کردار مسلمان نہیں ہیں وہ صرف انسان ہیں۔ اکثر میں دلت یا پچھڑا ہوا آدی واسیوں کا طبقہ ہے۔ یہ الگ بات ہے کہ مشاہدے کی کمزوری یہاں بھی کھٹکتی ہے۔ اس ناول میں یہ وصف ملتا ہے اور دیہات کی بھری پری دنیا پورے لوازمات کے ساتھ دکھائی دیتی ہے جو مصنف کے مشاہدے کی دلیل پیش کرتی ہے۔ کہیں کہیں جمشید پور اور ممبئی کا چھونکا ضرور لگایا گیا ہے جو غیر ضروری سا لگتا ہے۔ لیکن جمشید پوری کو، جمشید پور کا ذکر تو کرنا ہی تھا اگر نہ کرتے تب بھی جمشید زندہ رہتا ان کے نام سے۔ زندہ ہوا ہے گاؤں دھنورا جو ایک علامت بن کر ہندوستان کی دیہی تہذیب و ثقافت کی، جہاں پہلے سادگی، خلوص اور اپنا پن ہوا کرتا ہے جس کو مصنف نے اچھی طرح سے پیش کیا ہے۔ لیکن صارفیت اور اس سے زیادہ سیاست نے یہ سادگی اور معصومیت چھین لی۔ یہ حصہ نسبتاً کمزور اور مختصر ہے لیکن نفرت کو آرٹ کا درجہ کیسے دیا جائے یہ اپنے آپ میں سوال تو ہے۔ پریم چند کی کہانی 'نجات' میں بھی نفرت ہے جس پر اعتراضات ہوئے۔ منٹو بھی ایسے مقامات پر کمزور ہوئے۔ لیکن کفن اس کی زندہ مثال ہے۔ لیکن 'کفن' جیسی کہانیاں روز جنم نہیں لیتیں۔ بہر حال یہ بحث پھر کبھی۔ مصنف نے اشارے کیے ہیں کہ ملک بچے گا تو دھنورا بھی بچے گا۔ ناول میں کرداروں کی بھیڑ ضرور ہے۔ شاید ایسا کرنا ضروری تھا اس لیے کہ مرکز میں ایک گاؤں ایک بستی ہے۔ ہر چند کہ اس ناول میں فلسفیانہ بصیرت کی کمی کھٹکتی ہے اور گہرے سماجی شعور کا بھی فقدان نظر آتا ہے تاہم بیانیہ کے زور میں ان کمیوں کی طرف نظر کم ہی جاتی ہے۔ شعوری طور پر لادی ہوئی سنجیدگی سے غیر شعوری سادگی قارئین کو زیادہ پسند آتی ہے اور وہ فطری انداز میں ناول کے متن و موضوع کے قریب پہنچ جاتے ہیں اور وہ لوگ مرکز میں آجاتے ہیں جو عام طور پر سماج کے حاشیے پر کھڑے ہوتے ہیں۔ لوکاچ نے کہا تھا:

> ''ناول وہ مہارزمیہ ہے جو خدا کے بغیر ہی وجود میں آجاتا ہے اور یہ بھی کہ اس کا ہیرو خوبیوں سے بھرا انسان نہیں بلکہ وہ کمزوریوں سے گھرا ہوا ہے۔ اس کی کمزوری و بے بسی میں وہ مضبوطی ہے جو ناول کو مرکز میں لے آتی ہے۔ سماج اور تہذیب کے سنگھرش میں جو لوگ حاشیے پر کھڑے ہوتے ہیں ناول کے مرکز میں آجاتے ہیں۔''

اردو شاعری و فکشن دونوں میں اپنوں پر تو بہت کچھ لکھا گیا لیکن غیروں و کمزوروں پر لکھا جانا بہت بڑا چیلنج ہوا کرتا ہے۔ یہ چیلنج تو اس ناول میں نظر آتا ہی ہے۔ میں ایسے جرأت مند ناول نگاروں کو پسند کرتا ہوں اور ناول کے پڑھے جانے کی سفارش کرتا ہوں۔

ooo

تخلیقی ادب کا جدید اور پراسرار انداز۔"ساگا" ناول

پروفیسر مجید بیدار

سائنسی ترقیات اور بدلتے ہوئے رجحانات کے منفی اور مثبت اثرات نہ صرف انسانی زندگی پر نمودار ہو رہے ہیں، بلکہ شعر و ادب اور علوم وفنون پر بھی اس کی نمائندگی واضح ہوتی جارہی ہے۔ ادبی طور پر ناول لکھنے کی روایت اور اس کی خصوصیات کو دنیا کے ہر ادب میں اہم مقام حاصل ہو چکا ہے، لیکن موجودہ دور میں ناول لکھنے کے ایک ایسے انداز کی شہرت میں بھی اضافہ ہوتا جارہا ہے، جس کے ذریعہ مخلوقات ہی نہیں، بلکہ انسانی جذبات اور اس کے ہر انداز اور عقلی قوتوں کو شدید اور ناقابل یقین انداز سے پیش کیا جاتا ہے۔ انسان کی طرح رہن سہن اختیار کرنے والے جسم گوشت پوست کے بجائے پتھر یا برف سے بنے ہوئے انسان بتائے جائیں اور جن میں برف یا پتھر میں تحلیل ہونے کی صلاحیت موجود ہو اور ان میں ایسی قوتیں شامل ہو جائیں کہ جس کی وجہ سے ایسے کرداروں کے لئے کوئی کام انجام دینا غیر ممکن نہیں رہتا۔ ایسی عجیب وغریب صلاحیتوں کو پلاٹ میں شامل کر کے کہانیاں لکھی جائیں تو انہیں ساگا کی حیثیت سے شہرت حاصل ہوتی ہے۔ ساگا ناول ہر اعتبار سے ناول کی صنفی ضرورت کے اعتبار سے ہی لکھا جاتا ہے۔ فرق صرف یہی رہتا ہے کہ اس ناول میں انسان کے تمام جذبات کو شدید اور حد درجہ اضافی انداز سے پیش کیا جاتا ہے۔ بعض ساگا ناولوں میں ایسے انسانی جسموں کو کردار کی حیثیت سے نمائندگی دی جاتی ہے، جو انسانی وجود میں شامل ہوتے ہیں، لیکن ان میں روحانی صلاحیتوں کی وجہ سے آگ اور شعلوں کا اثر ان کے جسم پر نہیں ہوتا۔ وہ آگ پر بآسانی چل سکتے ہیں اور شدید گرمی یا سردی اور فطرت کی چیزوں سے انہیں کوئی واسطہ نہیں ہوتا۔ اس کے علاوہ انسانی جذبات جیسے پھونک مارنے سے کاغذ کو اڑایا جاسکتا ہے یا پھر گھور کر دیکھنے سے سامنے والے پر ہیبت طاری ہوسکتی ہے۔ اس کے بجائے پھونک مارنے سے سڑک پر چلنے والی کئی کاریں الٹ جائیں یا پھر گھور کر دیکھنے سے آگ لگ جانے کے واقعات اگر کسی ناول میں شامل کئے جائیں تو اس قسم کے ناول کو ساگا قرار دیا جاتا ہے۔ یہی نہیں بلکہ ساگا ناول کے کرداروں میں بے شمار ناممکن صلاحیتوں کو پیش کیا جاتا ہے، جیسے انسان کے جسم کے خاتمہ کے بعد اس کی موت واقع ہو جاتی ہے، لیکن مردہ ہیولی پر انسانی خون کے قطرے ڈال دیئے جائیں تو اس کا دوبارہ زندہ ہو جانا اور انسانی خون پی کر زندگی گذارنا جیسے غیر یقینی معاملات ہی نہیں، بلکہ جنگلوں اور خون خوار جانوروں میں رہ کر انسانی جسم کو بچائے رکھنے اور جانوروں کی طرح انسانی جسم کو جیوٹ بتانے کی صلاحیت اگر کسی ناول میں پیش کی جائے تو وہ اپنی ہیئت کے اعتبار سے اسے ناول ضرور کہا جاتا ہے، لیکن موجودہ دور کی ادبی دنیا میں ساگا ناول کی حیثیت سے اس کی شناخت ہوتی ہے۔ عام طور پر داستانوں میں جس طرح غیر یقینی حالات اور ناقابل بھروسہ واقعات کے علاوہ انہونی طاقتوں کو پیش کر کے داستانوی نثر میں حیرت کا ماحول پیدا کیا جاتا تھا، اسی طرح موجودہ دور میں ناول کے ایک نئے انداز کی شروعات ہوئی ہے، جس میں داستانوں سے زیادہ عجیب وغریب واقعات اور کرداری خصوصیات کو پیش کر کے پلاٹ میں تجسس اور حیرت انگیز معاملات کو شامل کیا جاتا ہے۔ اس قسم کے ناول ایک کتاب کی حیثیت سے بھی لکھے جاسکتے ہیں یا پھر انہیں بالاقساط بھی پیش کیا جاتا ہے۔ اس طرح اس قسم کے ساگا ناولوں میں حیرت و تجسس ہی نہیں، بلکہ انہونے واقعات اور عقل وفکر میں نہ سمانے والی خصوصیات کو پیش کیا جاتا ہے۔ جس کی وجہ سے ساگا ناول کی فنی ضرورتیں پوری ہوتی ہیں۔

دنیا کے ادبیات میں قصہ، کہانی کی تاریخ حد درجہ قدیم ہے۔ ہر علاقہ کی ضرورت کے اعتبار سے قصے، کہانی اور ان کے پیش کرنے کی

خصوصیت میں تبدیلی پیدا ہوتی رہی۔ قدیم دور میں جادوئی قصے اور شگون کے علاوہ بدشگونی پر بھی قصہ لکھے گئے، جانوروں اور برندوں کے علاوہ مختلف قسم کے بھگوانوں کو بھی قصہ کہانی کا حصہ بنایا گیا۔ جس کے بعد طرزِ معاشرت کے معاملات کو قصہ میں شامل کرنے کی وجہ سے ناول کو اہمیت حاصل ہوئی۔ اسی ناول کی صنف سے تخلیقی ادب میں ایک انقلاب ایسا بھی دیکھا گیا، جسے بلاشبہ ناول کی دنیا میں ایک اہم خصوصیت کی حیثیت سے شہرت حاصل ہو چکی ہے۔ اس قسم کے ناول کو ساگا (Saga) کے عنوان سے عالمی سطح پر شناخت کیا جانے لگا ہے۔ اردو زبان میں تخلیقی ادب لکھنے والے ادیبوں نے ہر قسم کے ناول لکھے۔ ڈپٹی نذیر احمد کو اصلاحی اور اخلاقی ناول لکھنے میں کمال حاصل تھا۔ عبدالحلیم شرر نے تاریخی ناول لکھے۔ رتن ناتھ سرشار نے لکھنؤ کی طرزِ معاشرت پر ناول نگاری کی بنیاد رکھی۔ اسی طرح جاسوسی ناول اور دوسری قسموں کے ناولوں کا بہت بڑا ذخیرہ اردو ادب میں طبع زاد طریقہ سے ہی نہیں، بلکہ ترجمہ کے توسط سے تخلیقی ادب کا حصہ بنتا گیا۔ اردو کے اہم ناول نگاروں نے دیگر موضوعاتی ناولوں کے علاوہ ساگا ناول کی طرف بھی توجہ دی۔ ترقی پسند تحریک کے توسط سے ہندوستان میں 1936ء کے بعد کے شعری اور نثری ادب میں انقلاب محسوس کیا گیا۔ چنانچہ یوروپی افکار اور یوروپی زبانوں کی مختلف صنفی خصوصیات کو بھی اردو شاعری اور نثر نگاری میں پیش کیا جانے لگا۔ جس کی وجہ سے اردو کے تین بڑے اہم ترقی پسند ناول نگاروں کے ذریعے ساگا ناول کو اردو میں فروغ حاصل ہوا۔ چنانچہ اظہار اثر کا ناول ''ستاروں کے قیدی'' اور سراج انور کے ناول ''خوفناک جزیرہ''، ''نیلی دنیا'' اور ''کالی دنیا'' ہی نہیں، بلکہ سلامت علی مہدی کا تحریر کردہ ناول ''زمرد'' کے توسط سے اردو نثر کے تاریخی پس منظر میں ساگا ناولوں کی بنیاد کا استحکام حاصل ہوا۔ اس طرح ناول کی صنف میں ساگا کی روایت کو فروغ دینے والے اہم ناول نگاروں کی حیثیت سے ان تین تخلیق کاروں کے کارنامے اہمیت کے حامل ہیں۔ جن میں عجیب وغریب انسانوں اور ان کی پرستش اور مخلوقات کے کارنامے پیش کئے گئے ہیں۔

ساگا در حقیقت ایک لفظ نہیں بلکہ اصطلاح کے طور پر استعمال ہوتا ہے۔ آئس لینڈ اور اسکینڈ یوپائی علاقوں میں نثری اور تاریخی کہانیاں لکھنے کا قدیم رواج ساگا کہلاتا تھا، عام طور پر ساگا کو واحد نہیں بلکہ جمع کے صیغے میں استعمال کیا جاتا ہے، کیونکہ وہ کئی کہانیوں کا مجموعہ ہوتے ہیں۔ تاریخی پس منظر میں عیسیٰ علیہ السلام کی پیدائش سے قبل آئس لینڈ کے خاندانوں میں ہونے والے آپسی جھگڑوں اور شاہی طریقوں کے علاوہ دوسرے ممالک کے سفر کے معاملات کو کہانی کے انداز سے پیش کرنے کو ساگا کہا جاتا رہا۔ زندگی کے علاوہ سیاسی معاملات، سفر کے رومانی حالات اور عوام کی زندگی کو جن قصوں میں پیش کیا جاتا رہا، انہیں اسکینڈ یوپائی ممالک میں ساگاز کی حیثیت سے شہرت حاصل ہونے لگی۔ آئس لینڈ اور اسکینڈ یوپائی ساگاز کو ان علاقوں کی مقامی تہذیب کے ساتھ پیش کیا تھا، جنہیں بعد میں دوسرے براعظم کی یوروپی زبانوں میں ترجمہ کیا گیا یا پھر مقامی طور پر مرتب کیا گیا۔ تاریخی حیثیت سے یہ بات واضح ہوتی ہے کہ ساگاز لکھنے کی ابتداء قرونِ وسطیٰ میں ہوئی۔ اسی دور میں آنے والے صدیوں کو تصویر دکھائی دیتی ہے۔ یوروپی دنیا میں قرونِ وسطیٰ کی سب سے اہم زبان لاطینی تھی، جو تاریخی شہادتوں کو پیش کرنے کے لئے کا استعمال کی جاتی تھی، جبکہ مقامی زبانوں میں ساگاز لکھے جاتے رہے۔ ان ساگا میں قدیم اشعار اور مختلف نسلوں کی اولادوں اور آئس لینڈ کی آبادیوں کے پیشے اور ان کے رسم ورواج کو تخلیقی انداز سے پیش کیا جاتا تھا۔ عام طور پر تمام ساگاز نثر میں لکھے جاتے رہے۔ البتہ عبارت کے دوران سرایت شدہ مصرعہ یا درمیان میں شاعری کے بند یا پھر پوری نظمیں شامل کی جاتی تھیں۔ غرض ساگا آئس لینڈ میں لکھی جانے والی کہانی اور قصوں کی ایسی خصوصیت کا درجہ رکھتی ہے، جس میں بادشاہ اور رعایا، جنگ وجدال اور سیاحت کے علاوہ آپسی جھگڑے اور مسائل کو پیش کیا جاتا تھا۔ اس طرح

ساگا لکھنے کا انداز آئس لینڈ کے ادبیات کا ایسا ذخیرہ ہے جو اس دور کی کہانیوں پر مبنی حقیقتوں سے دور لیکن زندگی سے قریب کی نمائندگی کرنے والے کارناموں کو تخلیقی خصوصیت کے ساتھ بیان کرنے کا تخلیقی عمل کہلاتا ہے۔

لفظ ساگا درحقیقت اسکینڈیویائی زبانوں میں استعمال ہونے والا ایسا لفظ ہے، جسے پرانے دور میں نارس کہا جاتا تھا جو تبدیل ہو کر Sogur کہلانے لگا۔ جس کے معنی طرز بیان، زبانی حساب، اطلاع اور مضمون کے انداز کی نمائندگی کرتے ہیں۔ عام طور پر بے ساختہ بیانیہ یا کہانی کے طرز کو بھی ساگا کے طور پر استعمال کیا جاتا ہے۔ آئس لینڈ کی زبان میں استعمال ہونے والا لفظ ساگا درحقیقت انگریزی زبان میں ''Say and Saw'' کے معنی میں استعمال ہوتا ہے۔ جس کا مفہوم ایسی کہاوت قرار دی جائے گی، جو پرانے زمانے میں دیکھی گئی تھی۔ اگرچہ اسکینڈیویائی علاقوں میں قبل مسیح سے ساگا کا استعمال ہوتا رہا ہے، لیکن انگریزی زبان میں ساگا کی اصطلاح 18 ویں صدی سے مروج ہوئی۔ جبکہ مشہور اسکالرس نے اولڈ نارس کو برائے راست انگریزی میں تبدیل کرنا شروع کیا، تاکہ پرانی نارس کو نثری داستانوں کے طور پر انگریزی ادب میں پیش کیا جاسکے، اس طرح لفظ ساگا اور اس کے اصطلاحی معنی ہی نہیں، بلکہ اس کے ساتھ ہی اس کی ابتداء کے بارے میں بھی انسائیکلوپیڈیا کی مدد سے تفصیلات پیش کی جاچکی ہیں۔

عالمی سطح پر اسکینڈیویائی زبانوں میں ساگا کا رواج قصے، کہانی کے لئے ہوتا رہا۔ چنانچہ آئس لینڈی ساگا، ناروجین ساگا، ڈینس ساگا اور سوئیڈش ساگا کی حیثیت سے کئی نسلوں پر محیط کہانیاں آج بھی موجود ہیں، جن کا سلسلہ آئس لینڈ کی سرزمین سے گہری وابستگی کا ثبوت بنتا ہے۔ سوئیڈش ساگا کے ذریعے قصہ کہانی کو وسیع معنی میں استعمال کیا گیا ہے، جس میں تاریخ، کہانی اور احوال کی نمائندگی ہوتی ہے۔ چنانچہ سوئیڈش زبان میں ساگا کا استعمال ناول کی صنف کے لئے بھی ہوتا ہے۔ ساگا درحقیقت فنتاسی فکشن کا نمائندہ ہے۔ سوئیڈش باشندے ساگا میں پریوں کی کہانیاں اور عجیب وغریب واقعات بیان کو ضروری تصور کرتے تھے۔ سوئیڈش زبان میں اس طرز تحریر کو 'کون سیتا' کہا جاتا ہے۔ یہ قصے کہانیاں درحقیقت سوئیڈن کے بادشاہوں کے نیم افسانوی قصوں پر مبنی ہوتے تھے، جو اس دور کی بادشاہت اور ان کی شان وشوکت کی نمائندگی کرتے تھے، جو درحقیقت غیر معتبر ذرائع اور مبالغہ کے انداز سے پیش کئے جاتے تھے۔ اس طرح ساگا میں حقیقی واقعات کے بجائے مبالغہ اور من گھڑت باتوں کو شامل کرنا ہی اس صنف کی خصوصیت میں داخل ہے۔ اسکینڈیویائی بادشاہوں کی زندگیوں میں لکھے گئے ساگا کو کنگز ساگا کہا جاتا ہے۔ ایسے ساگاؤں کی ترتیب 12 ویں صدی عیسوی سے 14 ویں صدی عیسوی تک جاری رہی۔ اس دور کی مشہور ساگا میں فنوری اسٹرلسن کی مشہور کتاب ''ہیمس کرنگلا'' کو بڑی اہمیت حاصل ہے۔ جس سے اندازہ ہوتا ہے کہ ساگا جیسی کہانیوں کی کتابوں میں غیر حقائق پسند معاملات اور ہر رویے کو حد درجہ دلچسپ انداز میں پیش کیا جاتا ہے۔ آئس لینڈ کی مختصر کہانیاں بھی ساگا کی حیثیت سے شہرت یافتہ رہی ہیں۔ انگریزی زبان میں آئس لینڈ کے ساگا کو ''فیملی ساگا'' بھی کہا جاتا رہا ہے، جو حقیقی واقعات پر مبنی ہوتی ہیں اور یہ ساگا 870ء کی دہائی میں آئس لینڈ کی آبادکاری کے دوران لکھی گئی تھیں، جبکہ اس ملک میں صرف ایک یا دو نسلیں آبادی تھیں۔ ایک ہزار عیسوی میں آئس لینڈ ملک کے باشندے عیسائی مذہب کے پیرو ہوگئے۔ جس کی وجہ سے حقیقت پسندانہ انداز کو نمائندگی حاصل ہونے لگی۔ اس زمانے میں کہانیاں لکھنے کے بجائے زبانی انداز سے کہانیاں بیان کرنے کی روایت عام تھی۔ یہ کہانیاں زبانی انداز کی پرانی نارسس کہلاتی تھیں۔ یہ کہانیاں یوروپ کی دوسری زبانوں کی نمائندگی سے متاثر تھیں۔ یہ سلسلہ 14 ویں اور 15 ویں صدی تک جاری رہا۔ کیونکہ یہ ساگا عام طور پر کئی نسلوں پر محیط ہوتی تھیں اور اکثر و بیشتر عام زندگی گذارنے

والے باشندوں کے کارناموں کو کہانی کے انداز سے پیش کیا جاتا تھا۔ عام انسانوں کی نمائندگی کے لئے ''بندمنا ساگا'' اور اعلیٰ زندگی کے علمبردار افراد کے لئے ''ایگلز ساگا'' کی اصطلاحات رائج تھیں۔ موجودہ دور کے محققین نے ساگا کی صنف کو دو اہم انداز کی پیشکش کے لئے اہم اور معیاری قرار دیا ہے، جس کے ذریعے آئس لینڈ میں بسنے والوں اور ان کی فطرت کی خوبی کے علاوہ بیرون ملک کے اشعار سے ان کی مہم جوئی کی تفصیلات واضح ہوتی ہیں۔ چنانچہ آئس لینڈ کے لوگوں نے برطانوی جزائر شمالی فرانس اور شمالی امریکہ کی مہم سر کر کے ایسے ساگا لکھے، جو بلاشبہ گریٹسٹ ساگا (عظیم ساگا) کے نام سے یاد کئے جاتے ہیں۔ آئس لینڈ کے ساگا میں مختصر کہانیوں کا مواد شامل ہوتا ہے جو اکثر بادشاہوں کی کہانیوں پر مشتمل ہوتا ہے، جسے اقساط کے طور پر پیش کیا جاتا ہے۔ اس طرح ساگا کے لفظ کا وجود اور اس کے اصطلاحی معنوں سے واقفیت کے علاوہ تاریخی پس منظر میں اس کی حقیقت بھی واضح ہو جاتی ہے۔ ساگا کی تفصیلات کو انسائیکلو پیڈیا میں مختلف انداز سے پیش کیا گیا ہے۔ انگریزی انسائیکلو پیڈیا میں اس طرز نثر کی خوبیوں کو ظاہر کیا گیا ہے، لیکن اردو کے انسائیکلو پیڈیا کے ذریعہ کہیں بھی اس اصطلاح پر توجہ نہیں دی گئی۔

قدیم دور میں جس طرح مافوق الفطرت عناصر اور فوق البشر صلاحیتوں کو پیش کر کے قصے کہانیوں کو دلچسپ اور حیرت انگیز بنایا جاتا تھا' اُس وقت تک سائنس کی ترقی اور ایجادات کا سلسلہ شروع نہیں ہوا تھا۔ جیسے جیسے سائنس کی ایجادات اور ترقیات کو فروغ حاصل ہوا، ویسے ویسے انسانی زندگی ہی نہیں' بلکہ رہن سہن اور طرز زندگی میں بھی فرق پیدا ہونے لگا، جس کے اثرات تحریری ادب پر بھی نمایاں ہوئے۔ جس سے قصے، کہانی کی پرانی اور روایتی انداز حددرجہ تغیر کا وسیلہ بن گیا۔ عالمی سطح پر ایسے واقعات کی نمائندگی کی جانے لگی جس کی وجہ سے انسان کی حیرت میں اضافہ ہونے لگا اور انسان کو خدا کی جانب سے بندے کو ودیعت کردہ طاقت اور انسان کے جذبوں میں شدت دکھانے کا شعور پیدا ہوا۔ اسی مقصد سے دنیا کے ہر نثری ادب میں کہانی اور قصے کی نئی روایت کا آغاز ہوا۔ جس کے نتیجہ میں ہندوستان کی مقبول ترین زبان یعنی اردو کے افسانوی ادب میں بھی تبدیلی پیدا ہوئی۔ چند ابتدائی اردو کے ساگا ناول نگاروں میں بطور خاص اظہار اثر، سراج انور اور سلامت علی مہدی کا شمار ہوتا ہے جن کے اردو ناولوں جیسے نیلی دنیا، کالی دنیا اور خوف ناک جزیرہ اور زمرد کے علاوہ ستاروں کے قیدی اور ستاروں کی سیر کے ذریعہ اردو ادب میں ساگا ناول کی روایت کا ثبوت ملتا ہے۔ انگریزی ادب میں بلاشبہ آئس لینڈ کی اسکینڈیویائی زبان سے استعمال ہونے والے لفظ کی اہمیت کو پیش کرتے ہوئے یہ بتایا گیا ہے کہ انگریزی ادب میں ساگا کی شناخت جداگانہ ہے۔

OOO

کشمیری تاریخ کا عکاس: ناول اپنا اپنا سچ

ڈاکٹر رفیعہ سلیم

ریاست جموں و کشمیر ہندوستان کی واحد ریاست ہے جہاں اردو زبان کو نہ صرف رابطہ کی زبان کے طور پر برتا جاتا ہے بلکہ اسے سرکاری زبان کا درجہ بھی حاصل ہے۔ سرزمین کشمیر جہاں ایک طرف اپنے قدرتی حسن و جمال کی وجہ سے اپنی منفرد شناخت رکھتی ہیں وہیں دوسری جانب وہاں کے شعراء ادباء نے شعر و ادب میں گراں قدر اضافے کیے ہیں۔

دورِ حاضر میں کشمیر سے تعلق رکھنے والے اردو کے قلمکاروں میں دیپک بدکی صاحب کا نام بحیثیت افسانہ نگار، تنقید نگار اور تبصرہ نگار محتاج تعارف نہیں۔ انہوں نے اپنی متعدد تخلیقات کے ذریعہ اردو ادب کو افتخار بخشا ہے۔ حال ہی میں ان کا تازہ دم ناول ''اپنا اپنا سچ'' 2022 میں شائع ہوا۔ اس ناول کا انتساب صرف اور صرف ''ماضی کی۔۔۔۔ کے نام'' ہے اور پیش لفظ خود مصنف نے لکھا ہے۔ اقتباس دیکھئے:

> ''یہ ناول کشمیر کے تناظر میں لکھا گیا ہے اور اس کے کردار تاریخ کا حصہ بن کر آتے ہیں۔ چوں کہ کشمیر کی تاریخ ہزار سال سے بھی زیادہ پرانی ہے اور اس کے بارے میں مختلف تاریخ نویسوں کے خیالات تضاد سے مملو ہیں۔ اس لیے کوشش یہ کی گئی ہے کہ اس ناول آنکھوں دیکھی پر زیادہ بھروسہ کیا جائے اور جو سامنے پیش آیا اسی کو سچ مان کر رحم کیا جائے 'سچ' ایک ایسا لفظ ہے جس کو کسی مطلق پیمانے پر آنکا نہیں جا سکتا۔''

(ص:7، ناول اپنا اپنا سچ از دیپک بدکی)

اس اقتباس سے اندازہ لگانا مشکل نہیں کہ ناول لکھنے کا اصل مقصد صرف صنف ناول نگاری میں اپنا نام درج کروانا نہیں ہے بلکہ ایک حساس تخلیق کار ہونے کے ناطے اور وادی کشمیر جس کے روم روم میں بسا ہوا ہے، جس نے اپنی آنکھیں اس حسین وادی میں کھولی ہوں، جس زمین کے ذرہ ذرہ میں حسن قدرت جھلکتا ہو۔ ایسی جمالیات سے پُر سرزمین پر بھی آفتیں، مصیبتیں آئی ہیں۔ سماجی و سیاسی مسائل، دہشت گردی کے الزامات اور کافی سنگ دلی سے دی جانے والی سزائیں، غضب ناک وارداتیں غرض ان تمام دردناک و کرب ناک کشمیری حالات کو وہاں کے عوام اور ان کے مسائل، ہجرتوں کے کرب کے علاوہ موجودہ صورتحال پر اپنے حساس قلم سے تخلیقی صلاحیتوں کا لوہا منوایا ہے اور کشمیر کی تاریخ کو قلم بند کرنے کی بے مثل کوشش کی ہے۔ یہ بھی ایک دشوار گزار مرحلہ ہے کہ تاریخ کو ناول کا موضوع بنایا جائے۔ ناول نگار نے عبدالحلیم شرر کی روایت پر چلتے ہوئے کشمیر کی پانچ ہزار سالہ پرانی تاریخ کو تاریخی شواہد کے ساتھ سمیٹنے کی کوشش کی ہے۔ جو آنے والی نئی نئی نسلوں کے ایک دستاویز سے کم نہیں۔ یہ صرف ایک ناول نہیں بلکہ کشمیر کی روداد ہے۔ وہاں کی تہذیب و تمدن کا ایسا عکس ہے جو بالکل آئینہ کی طرح صاف صاف نظر آتا ہے۔ خصوصاً کشمیری پنڈتوں کے ہجرتوں کا درد بڑا کرب ناک ہے۔

دیپک بدکی صاحب کشمیر کی حسین و جمیل سرزمین پر 15 فروری 1950 کو آنجہانی رادھا کرشن بدکی کے گھر جنم لیے، بدکی کشمیری برہمن ہیں۔ وادی میں ہی ابتدائی تعلیم و تربیت ہوئی اور اعلیٰ تعلیم مکمل کرنے کے بعد دیلی، یوپی اور شمال مشرقی ریاستوں کے شہر گوہاٹی و شیلانگ

میں دوران ملازمت کافی عرصہ رہے جس کی پر چھائیاں ہمیں ان کی تخلیقات میں نظر آتی ہیں۔قابل رشک اور حیران کن بات یہ ہے کہ اردو زبان نہ ہی دیپک صاحب کی مادری زبان ہے اور نہ ہی کبھی ان کا ذریعہ تعلیم اردو رہا۔صرف پانچویں جماعت تک زبان دوم کے طور پر اردو سے رشتہ استوار رہا۔بعدازاں بی ایس سی (Honors Botany) سے کیا اور 1970 میں ایم ایس سی (Botany) سے ہی کیا 1971 میں بی ایڈ بھی کیا۔اردو زبان سے لگاؤ کی بھرپائی کے لیے انہوں نے ادیب کامل و ماہر کے امتحانات دیے اور امتیازی نمبرات کے ساتھ کامیابی حاصل کی۔اردو کی تشنگی سے کچھ فرحت محسوس ہوئی لیکن تخلیقی ذہن کے خالق دیپک صاحب اپنے ذہن میں آنے والے چیدہ چیدہ خیالات کو کہانی کی صورت دی اور آخر 1970 میں روزنامہ ''ہمدرد'' میں ان کی کہانی ''سلمیٰ'' منظر عام پر آ ہی گئی۔بحیثیت تخلیق کار ان کی شناخت مکمل و مستحکم طور پر پہلا افسانوی مجموعہ ''ادھورے چہرے'' کی شکل میں 1999 میں منظر عام پر آ کر داد و تحسین حاصل کیا۔

دوسرا افسانوی مجموعہ ''چنار کے پنجے'' 2005، تیسرا ''زیبرا کراسنگ پر کھڑا آدمی'' 2007، چوتھا ''ریزہ ریزہ حیات'' 2010، پانچواں ''روح کا کرب'' 2015، چھٹواں ''مٹھی بھر ریت'' 2015، اور ''اب میں وہاں نہیں رہتا'' ساتواں افسانوی مجموعہ ہے۔جو 2017 میں منظر عام پر آیا۔اس کے علاوہ خودنوشت ''لوح حیات'' 2019 کے علاوہ تقریباً دس کتابیں تنقیدی مضامین وتبصروں پر مبنی ہے اور ایک تحقیقی کتاب ''اردو کے غیر مسلم افسانہ نگار'' 2020 ہے۔ان کے قلم کی تیز رفتاری سے ہی قارئین اندازہ لگا سکتے ہیں کہ دیپک بدکی صاحب کو زبان اردو سے ایک انجانا عشق ہے۔جس کی بدولت وہ اپنی پیاری زبان کی آبیاری کر رہے ہیں اور ساتھ ہی ساتھ اردو کو افتخار عطا کر رہے ہیں۔جو ہم سب کے لیے ایک تحریک کا درجہ رکھتی ہے۔

ناول کا فن حقیقت پر مبنی ہوتا ہے جس میں ماضی، حال اور مستقبل کی داستان حیات سماجی و سیاسی حالات کے علاوہ عصری تقاضوں اور روشن مستقبل کے خوابوں کی تعبیر پر بھی بات کی جاتی ہے اور سوالات قائم کیے جاتے ہیں تا کہ قارئین ادب فکر و احساس کے ساتھ قدیم سے جدید اور موجودہ انسانی مسائل کا محاسبہ کر سکیں۔

دیپک بدکی کا ناول ''اپنا اپنا سچ'' بھی کشمیر کے ماضی، حال اور مستقبل کے تناظر پر مرکوز ہے۔وہ کشمیر کی تاریخ، تہذیب، نیز سماجی وسیاسی حالات کو بڑی گہرائی کے ساتھ ضبط تحریر میں لائے ہیں۔ناول کا حصہ کشمیر کے وجود میں آنے سے شروع ہوتا ہے۔غضب کا انداز ہے اقتباس دیکھیے:

> ''اور جہلم بہتا رہا!
>
> یہ دریا تب سے بہتا چلا آ رہا ہے جب سے ستی سر جھیل کے رحم سے اس نے جنم لیا یا پھر تب سے جب یہ دنیا ظہور میں آ گئی اور بلند و بالا برف سے ڈھکا ہوا ہمالیہ عالم وجود میں آ گیا۔
>
> تاریخ گواہ ہے کہ کشمیر کی وادی ایک سمندر نما قطعہ آپ تھی جس کو لوگ ستی سر کے نام سے جانتے ہیں......ستی سر جھیل پہاڑوں کے دامن میں ٹھاٹھیں مارتا تھا جب کہ اونچائیوں میں قبائل لوگ اپنی زندگی بسر کرتے تھے......جھیل ایک خوفناک غیر مرئی دیو جلود بھوؤ کا مستقر تھا۔جس کو پانی میں لافانی زندگی کا وردان ملا تھا۔......جلود بھوؤ کا ڈر جب انتہا کو پہنچ گیا تو کشیپ رشی کو خیال آیا کہ ڈر کے آگے جیت ہوتی

ہے سو وہ مراقبے میں چلا گیا اور ایشور سے پرارتھنا کی کہ اس دیو سے نجات دلا دے۔ پھر کیا تھا دیوتاؤں نے سن لی۔ آندھیاں چلیں، بجلیاں کڑکیں، مہاوٹیں برسیں اور بارہمولہ کے پاس پہاڑ میں دراریں پیدا ہوئیں...... نہ جھیل رہا نہ دیو، سب نیست و نابود ہو گئے۔ رفتہ رفتہ سرسبز وادی نمودار ہو گئی۔ جسے لوگ کشیپ رشی کی دین سمجھنے لگے اور اسی نام سے منسوب کر کے 'کشیپ مر' کہنے لگے۔ یہ نام آہستہ آہستہ قلب ماہیت کر کے 'کشمیر' ہو گیا۔ کشیپ رشی کی اس دھرتی پر ہیمال کا چھوٹا سا گھر تھا۔'' ص: 9,10

جس میں وہ رہتی تھی۔ ہیمال ناول کا ایک اہم نسوانی کردار ہے اگر ہم تانیثی لحاظ سے جائزہ لیں تو ہیمال ہی مرکزی و اہم کردار بن کر ابھرتی ہے۔ جو کشمیر کی دوشیزہ ہے، پیکرِ حسن کی مورت ہے گو کشمیر کی پری زاد ہے۔ جس کی شادی بارہ سال کی عمر میں چودہ سالہ ناگرائے سے کر دی جاتی ہے۔ دونوں خوشگوار زندگی بسر کر رہے ہیں۔ ایک دوسرے کا بچپن بھی ان کے ساتھ موجود ہے۔ ناگرائے جبری اسکول سے تعلیم حاصل کر رہا ہے، بارہا ناکامی کے بعد آخر کار دسویں جماعت میں کامیاب ہو ہی جاتا ہے۔ ہیمال گھر کی چار دیواری میں رہ کر بے پناہ خوشگوار زندگی بسر کر رہی ہے۔ غربت اور حالات کا احساس بھی رکھتی ہے۔ حسن کے ساتھ ساتھ خدا نے اسے بذلہ سنجی، خوش مزاجی، لطیفہ گوئی اور ہلکی سی مسکراہٹوں سے نوازا ہے۔ خداوند کریم پر وہ ہمیشہ نازاں رہتی ہیں۔ وہ کشمیری حسن کی مثال ہے، اپنے والدین کے گھر سے بیاہ کے بعد سسرال وازہ پور آئی تھی۔ یہی اس کی پہلی ہجرت تھی۔ کشمیری میں طباخ کو وازہ کہتے ہیں اور وان دکان یعنی کشمیری ضیافتوں کی دکان جس میں کشمیری پکوان کی ایک طویل فہرست موجود ہوتی ہے۔ بکرے کے بجائے بھیڑ کا گوشت زیادہ استعمال کیا جاتا ہے۔ سرسوں کا تیل، لال مرچ کے بجائے تاج خروس (Cocks Comb) کے سوکھے پھول کثرت سے استعمال ہوتے ہیں وغیرہ۔ مسلمانوں میں رواج ہے کہ ایک ہی ترام میں چار لوگ کھانا کھاتے ہیں لیکن ہندوؤں کے یہاں الگ الگ تھالیوں کا رواج ہے وغیرہ سے واقفیت ہوتی ہے۔

ناگرائے کا تعلق کشمیری پنڈتوں کے اوسط درجے کے گھرانہ سے ہے۔ وہ شادی کے بعد اپنی تعلیم مکمل کر کے محکمہ جنگلات میں ایک چھوٹی سی ملازمت سے جڑ گیا۔ ناگرائے کے پاس اپنے اجداد کی کوئی زمین جائداد نہیں تھی۔ صرف ایک تین منزلہ مکان جو ستر سال پرانا بوسیدہ تھا اور صرف دو گائیں جس کی وجہ سے گھر میں دودھ، گھی، دہی میسر ہو جاتا تھا۔ وہ اپنی مختصر سی آمدنی میں ہیمال کی ضروریات بھی پوری نہیں کر پاتا تھا لیکن اسے اس بات کا شدید احساس تھا۔ ہیمال بھی تو کافی سمجھدار تھی، ہر حال میں جینا اس نے سیکھ لیا تھا۔ سسرال کے علاقہ میں ہندو مسلم اتحاد، آپسی بھائی چارہ دیکھ کر وہ حیران تھی۔ یعنی خواجہ شمس الدین صاحب کا ایک ہندو بیوہ کی لڑکی کی شادی میں منڈپ سے لے کر شادی کے منتروں تک جو بھی انتظامات تھے، اپنے کشادہ مکان میں انجام دینا، باراتیوں سے لے کر تمام لوگوں کے کھانے کا انتظام کروانا وغیرہ۔ اقتباس دیکھئے:

یہ صرف ان ریشیوں کی تعلیم کا اثر ہے کہ لوگ آپس میں محبتیں بانٹتے ہیں اور نفرتوں سے گریز کرتے ہیں۔ یہاں مغنی لل دیپ کے واکھ (صنف کشمیر شاعری) بلا لحاظ وملت ہر تقریب کے آغاز میں گاتے ہیں۔ نند رشی کے شرکوں میں پوشیدہ نصیحتوں میں ہر دو فرقے کے لوگ زندگی کے رموز ڈھونڈنے میں سرگرداں رہتے ہیں۔'' ص: 42

بہر حال ناول نگار کشمیری رہن سہن، آپسی خلوص و محبت سے ماضی کی یادیں جواب بھی برقرار ہیں اس سے ہمیں اچھی طرح واقف

کرواتے ہیں اور ہیمال کی مختلف ہجرتوں کا کرب کشمیریوں کے اجمالی کرب کی داستان بن کر ابھرتا ہے۔ یہ درد ایسا ہے جسے پڑھ کر حسرتیں اور امنگیں آہیں بھرتی دم توڑتی رہے جاتی ہیں۔ جس کو الفاظ میں بیان نہیں کیا جا سکتا، صرف محسوس کیا جا سکتا ہے۔ چناں چہ تقسیم ہند کے بعد فسادات اور ہجرتوں کے کرب سے پیدا شدہ حالات ہی ناول کا اہم تقاضہ ہے۔

ناول کا کینوس زمانی اعتبار سے کشمیر کے قیام سے لے کر آزادی کے بعد کے حالات پر محیط ہے۔ 1947 کا سال صرف ملک کی آزادی پر مبنی نہیں ہے بلکہ یہ ایک ایسا ناسور ہے، جس کا زخم ہمیشہ تازہ ہی رہے گا۔ جو عالمی سانحات میں اپنا منفرد مقام رکھتا ہے۔ ناول نگار اس بارے میں کشمیر کے متعلق ہمیں بتاتا ہے۔ ملاحظہ ہوں:

> ''15 اگست 1947 کو آزادی کا سورج طلوع ہوتے ہی ملک دو الگ الگ حصوں ہندوستان اور پاکستان میں بٹ گیا اور اس کے ساتھ ہی کشمیر میں بے چینی پھیل گئی۔ کوئی وثوق سے نہیں کہہ پا رہا تھا کہ جموں و کشمیر کس مملکت کے ساتھ چلا جائے گا...... دونوں ممالک اپنے اپنے دعوے پیش کر رہے تھے۔ مہاراجہ ہری سنگھ نے دونوں نوزائندہ ملکوں سے درخواست کی کہ اسے فیصلہ لینے کے لیے وقت درکار ہے۔ اس لیے تب تک کوئی ملک جموں و کشمیر کے اندرونی معاملات میں دخل نہ دے جس پر دونوں ممالک راضی ہو گئے۔.......... کشمیر دو حصوں میں بٹ گیا ایک پاکستان کے قبضے میں رہا اور دوسرا ہندوستان کا حصہ بن گیا۔'' ص: 47,49

یعنی کشمیر کی صورتحال اس وقت ہندوستان کی دوسری ریاستوں سے کچھ زیادہ ہی سنگین رہی۔ گویا ناول کشمیر کی ٹریجڈی کی داستان ہے۔ ناول نگار خود کشمیر سے تعلق رکھتا ہے اور تلخ حقیقتوں کو حقائق کے ساتھ اپنے ایک کردار کے ذریعہ کچھ اس طرح بیان کرتا ہے:

> ''صدیوں سے حسن و جمال کی یہ دھرتی مصوروں، مجسمہ سازوں اور موسیقی کاروں کی دلچسپی کا مرکز بنی ہوئی ہے۔ دنیا کے کونے کونے سے مصور یہاں آ کر دلکش روحانی مناظر اور پراسرار دوشیزاؤں کے پیکر اپنے کینوس پر اتارنے کی کوشش کرتے ہیں۔ شاعر یہاں کے قدرتی حسن سے شرابور ہو کر نغمہ سرا ہوتے ہیں۔ افسانہ نگار یہاں کی دوشیزاؤں کو حوروں اور پریوں سے مشابہت کرتے ہیں۔ ان کے نگارشات کو پڑھ کر قاری کو محسوس ہوتا ہے کہ دنیا میں کہیں بہشت ہے تو وہ کشمیر ہے اور کہیں بھی نہیں۔.......... یہاں تو فلم ساز، 'روجہ' اور 'مشن کشمیر' جیسی فلم بنا کر کشمیریوں کے زخموں پر نمک چھڑکنے کا کام کر گئے۔ انہیں یہاں کے لوگوں کے دکھ درد کا کوئی اندازہ بھی نہیں.......... فلم ساز کشمیر کو جنت بے نظیر دکھانے میں کوئی کسر نہیں چھوڑتے۔ کشمیر میں قدرتی مناظر کی فراوانی تو ہے ہی، یہاں کی پری پیکر دوشیزائیں بھی لاثانی ہیں۔.......... ادیبوں یا فلم سازوں نے عام کشمیریوں کی زندگی کو منعکس نہیں کیا اور نہ ہی یہاں کے غریب پس ماندہ لوگوں کی نمائندگی کی۔'' ص: 129 تا 131

دیپک بدکی صاحب بنیادی طور پر افسانہ نگار ہیں، اختصار پسندی ان کا خاص وصف ہے یہی انداز ناول پر بھی حاوی نظر آتا ہے۔

ناول کا پلاٹ بالکل بھی پیچیدہ نہیں ہے۔ ربط وتسلسل قاری کو اپنے حصار میں جکڑے رکھتا ہے۔ کشمکش حیات سے یہ ناول مزین نظر آتا ہے۔ تاریخی وتہذیبی گہرائی کا اندازہ جزیات نگاری سے قائم ہو جاتا ہے۔ جس کی مثال دینی از حد ضروری ہے:

> ''وادی میں خزاں کا منظر بہت ہی دلچسپ ہوتا ہے نہ کہیں ہریالی نظر آتی ہے اور نہ ہی کہیں شگوفے ملتے ہیں۔ جیسے کوئی عفریت چمن کو لوٹ کر چلا گیا ہو۔ صرف گل داؤدی جا بجا نظر آتے ہیں۔ البتہ بازاروں میں میوہ جات کی بھرمار رہتی ہے۔ ستمبر سے آنے والے جاڑے کو جھیلنے کی تیاریاں شروع ہو جاتی ہے.........ڈل جھیل میں دو قسم کے تیرتے باغات پائے جاتے ہیں۔ 'راڈ' اور 'ڈیمب' جن پر ان کے مالکان سبزیاں بوتے ہیں.....سوکھی مچھلی اور موٹا کشمیری چاول بہت ہی لذیز ہوتا ہے۔ موسم خزاں کے بھید نرالے ہوتے ہیں.....اس کے برعکس موسم سرما کا اپنا الگ انداز ہوتا ہے ہر طرف خاموشی چھا جاتی ہے جیسے زندگی تھم گئی ہو۔ برف گرتی ہے تو ساری دھرتی سفید چادروں میں لپٹ جاتی ہے۔''
>
> ص: 14,15

کشمیر کے رہن سہن سے متعلق حیرت انگیز باتیں قاری کو قابو میں رکھنے کا کام کرتی ہیں۔ منظر نگاری میں ناول نگار نے اپنی فنی مہارت دکھائی ہے۔ دیو مالائی، اساطیری قصوں کے علاوہ شیعہ سنی فرقوں کے متعلق واقعات، وہاں کی کہاوتیں اور محاوروں کا جا بجا استعمال نظر آتا ہے۔ انگریزی وہندی کے الفاظ بھی استعمال کیے گئے ہیں جو اکیسویں صدی کے ادب کا ایک نیا رجحان سا ہو گیا ہے۔ ناول نگار نے صنعت وحرفت، عید و تہوار، کھیل کود، غم روزگار، سیاسی حالات، راجا مہاراجاؤں کا دور حکومت، فنون لطیفہ، ادب اور فلسفہ غرض تعلیم نظام پر مبنی معلومات باہم پہنچائی ہے۔ آزادی کے بعد تعلیمی ترقی اور بڑھتے ہوئے رجحان کے تحت ہیمال کا بیٹا اگنی شیکھر اور بہوشیتل کا نہ صرف تعلیم یافتہ ہونا معنی رکھتا ہے بلکہ ناگرائے پرائمری اسکول کا قیام یعنی نئی نسل کو تعلیم کی ترغیب دیتا نظر آتا ہے۔ اور اپنے دونوں بچوں کیرتی اور راہل کو اعلیٰ تعلیم کی طرف راغب کرنا عصر حاضر میں ڈاکٹر اور انجینیر کے علاوہ کمپیوٹر سائنس اور نئی نئی ٹکنالوجی کی تعلیم میں دلچسپی دکھانا، بیرون ریاست اور بیرون ملک جا کر تعلیم حاصل کرنا وغیرہ سے ناول نگار تعلیمی رجحان کو پیش کرتا ہے۔

علاوہ ازیں اخلاقی درس، مشترکہ خاندان کی اہمیت غرض یہ ساری دلکش اور معلوماتی باتیں قاری کو اس عہد میں اپنے ساتھ لے جاتی ہیں۔ جو ماضی کی بیتی یادیں ہیں جس پر وقت اور حالات کی گرد تہہ در تہہ پیوست ہو چکی ہیں۔

تاریخی ناول میں خود کلامی اکثر بے کیف نظر آتی ہے لیکن ناول نگار نے بڑی خوبصورتی سے زبان وبیان کو دادی اور پوتا پوتی کی گفتگو کے ذریعے بیان کیا ہے۔ جو دراصل ایک پیڑھی سے دوسری پیڑھی کی ارتقائی منازل کو پیش کرتا ہے۔ آخر کار ناول آہستہ آہستہ ڈرامائی شکل اختیار کرتے ہوئے اختتام پر آ پہنچتا ہے، جہاں صرف 85 سالہ ہیمال کی زندگی کا اختتام نہیں ہے بلکہ ایک تہذیب کا زوال ہے، انسانی رشتوں کا خاتمہ ہے، اپنوں سے بچھڑنے کا کبھی نہ ختم ہونے والا احساس بھی ہے۔ ناول ''اپنا اپنا سچ'' صرف کشمیر کی روداد ہی نہیں بلکہ انسانی زندگی کے پیچ وخم اور کیف وسرور کا عکس ہے، نئی قدروں کا ترجمان بھی ہے اور سب سے بڑھ کر فکر واحساس کی دستاویز بھی!

000

نوآبادیاتی ہندوستان میں تانیثی نگارشات کا آغاز: اصلاح انساء کے خصوصی حوالے سے

______________ ڈاکٹر کھانڈے پرویز احمد

اُردو ادب میں تانیثی نگارشات کا باقاعدہ آغاز نوآبادیاتی نظام کے قیام کے بعد ہوتا ہے۔ اگر چہ نوآبادیاتی نظام میں ہندوستانی عوام ظلم اور غلامی کی زنجیروں میں جکڑے ہوئے تھے مگر شعوری طور پر انہوں نے کچھ کاوشیں ضرور کی تھیں، جن میں تانیثی نگارشات کے آغاز کو بڑی اہمیت حاصل ہے۔ برطانوی حکومت نے ہندوستان پر اپنے ناجائز قبضے کو جائز ٹھہرانے کے لیے ہندوستانی تہذیب کی برائیوں کو ڈھال بنایا۔ برطانوی نوآبادیت نے ہندستانی تہذیب کے ہر ایک پہلو کو تنقید کا نشانہ بنایا تاکہ وہ اپنی تہذیبی برتری کی عملی نمائش کے علاوہ یہ بھی ثابت کر سکے کہ ہندوستانی تہذیب کو برطانوی سامراجی حکومت کی سر پرستی کی ضرورت ہے۔ اس نوآبادیاتی سوچ کو Civilising Mission کا نام دیا گیا۔ یہ نوآبادیاتی بحث Colonial Discousre صنف تعصب پرستی پر بھی مبنی تھی۔ اس ضمن میں خاص کر عورت کے مقام و مرتبے کو لے کر کافی بحث و مباحثہ کیا گیا جیسا کہ جیمز مل (James Mill) کا کہنا تھا کہ کسی بھی تہذیب کی ترقی کا اندازہ اس سماج میں عورت کی خوشحالی اور مساوی حقوق ملنے سے ہوتا ہے۔ اسی لیے پردہ، کثرت ازدواج، ستی، بچپن کی شادیاں، دیوداسی رسم، عورتوں کی تعلیم، بیواؤں کی بدحالی وغیرہ جیسے سماجی مسائل اس بحث کا ایک اہم حصہ بنے۔ اِس تہذیبی تنقیدی (Cultural Critique) حملے کا ایک مثبت اثر یہ ہوا کہ ہندوستانی سماجی مصلحین کو یہ احساس ہوا کہ ہمیں اپنے سماج میں اصلاحات کرنے کی اُشد ضرورت ہے تاکہ برطانوی تہذیبی تعصب پرستی کے حملے کا جواب دیا جاسکے۔

دیر آید درست آید کے مصداق مسلم اصلاح پسندوں نے باقی قوموں کی طرح اپنے سماج میں اصلاح کرنے کا بیڑا اُٹھالیا۔ اس قومی خدمت کو بڑے پیمانے پر انجام دینے میں Print Technology کو اپنانے کی ضرورت کو کافی محسوس کیا گیا اور اس کا وسیع پیمانے پر استعمال ہونے لگا۔ اب عورت کی سماجی بدحالی کے بارے میں لکھا جانے لگا۔ اس میں کوئی شک نہیں ہے کہ سب سے پہلے تعلیم یافتہ مسلم مرد اشرافیہ نے اپنے قلم کے ذریعہ حقوق نسواں کی وکالت کی۔ ان مصلحین میں سرسید احمد خان، ڈپٹی نذیر احمد، مولانا الطاف حسین حالی، سید امیر علی، مولوی مجیب حسین، سید ممتاز علی، مولانا شبلی نعمانی، مولانا چراغ علی، راشد الخیری، شیخ محمد عبداللہ اور کرامت حسین وغیرہ شامل ہیں۔ اس قومی ذمہ داری کو بعد میں خود مسلم خواتین نے بھی سمجھا اور اپنے حقوق کی بازیابی اور اصلاحات کے لیے قلم کا سہارا لیا۔

انیسویں صدی کے اواخر میں بہت سی اُردو قلم کار عورتوں نے اپنے صنفی حقوق کے لیے آواز اٹھانے کی ہمت دکھائی۔ یہ وہ دور تھا جب ڈپٹی نذیر احمد نے اپنے ناولوں میں عورت کو پہلی بار اصلاح کا مدعا بنایا، حالی نے اپنی شاعری میں عورتوں کی روداد سنائی۔ اب عورتوں کی اصلاح کے لئے مختلف رسالے شائع ہونے لگے۔ اس ضمن میں سب سے پہلے 1884 میں 'رفیق نسواں' کو Isabella Thouburn جو کہ ایک کرسچن مشنری تھی، نے اُردو کے علاوہ مختلف زبانوں میں شائع کیا۔ اسی سال 'اخبار نسواں' کو سید احمد دہلوی نے بھی جاری کیا۔ 1892 میں مولوی محیب حسین نے 'معلم نسواں' اور منشی محبوب عالم نے 1893 میں 'شریف بیبیاں' شروع کیا۔ اس کے فوراً بعد 1898 محمدی بیگم (1878-1908) اور سید ممتاز علی نے مل کر 'تہذیب نسواں' رسالہ جاری کیا۔ اسی پس منظر میں متعدد قلم کار خواتین نے بھی مردوں کے شانہ بہ

شانہ علمی میدان میں بہ غرض اصلاح قدم رکھا۔

جب نوآبادیاتی ہندوستان کے تانیثی ادب کا ذکر آتا ہے تو بہ مشکل رشید جہاں اور عصمت چغتائی کا نام لیا جاتا ہے۔ ایسا لگتا ہے کہ ان سے پہلے نہ کسی خاتون نے لکھا اور نا ہی کوئی قابل ذکر مصنفہ تانیثی یا ادبی دنیا میں موجود رہی ہے مگر حقیقت یہ ہے کہ ان خواتین قلم کاروں کے لیے میدان تیار کرنے میں بہت ساری گمنام عوروتوں نے علم برداری کے فرائض انجام دیے ہیں۔ ان عورتوں میں اکبری بیگم یا کنیز عباس (1870s-1928) اور رشید النساء (1853-1931) جن کو اُردو کی پہلی خاتون ناول نگار کہا جاتا ہے۔ محمدی بیگم جن کو اُردو رسالے (تہذیب نسواں) کی پہلی خاتون ایڈیٹر ہونے کا شرف حاصل ہے۔ اس کے علاوہ محمدی بیگم نے رفیق عروس، انمول موتی، صفیہ بیگم، حیات اشرف، امتیاز پچپیں، سچے موتی، آداب مُلاقات، سگھڑ بیٹی، نعمت خانہ، دل پسند کہانیاں، تاج گیت، آج کل وغیرہ جیسی ڈھیروں کتابیں لکھی ہیں جن کی تفصیلات کو پیش کرنے کے لئے ایک طول طویل مقالے کا متقاضی ہے لہذا سر دست اس مقالے کو رشید النساء کی تانیثی قلمی خدمات تک ہی محدود رکھا جائے گا۔

عورت کو مرد کے چشمے یا زاویے سے دیکھنا تاریخ کا حصہ رہا ہے۔ عورتوں کے بارے میں مردوں کے لکھے ہوئے ادب کی حقیقت یہ بھی ہے کہ اس میں عورت کے تئیں مرد کی فکر کا غلبہ ہمیشہ اور ہر جگہ موجود رہا ہے۔ اس طرح عورت کی آواز کو پدری سوچ کے تحت جانے انجانے میں دبانے کی کوشش بھی کی گئی ہے گو کہ عورت کے آزادانہ فردی وجود کے بارے میں تحقیق کرنا ایک مشکل امر ہے تاہم خواتین قلم کاروں کا اپنا زائیدہ ادب ہی اس مشکل کو حل کرنے میں مددگار ثابت ہو سکتا ہے۔ اس مضمون میں انھیں قلم کاروں کے ابتدائی ادبی نقوش کے بارے میں جاننے کی کوشش کی گئی ہے تا کہ ہم ان کے احساسات اور ان کے خیالات سے مکمل آگاہی حاصل کر سکیں۔

اُردو کی پہلی خاتون ناول نگار

اردو ناول نگاری میں خواتین قلم کاروں کی اولیت کے حوالے سے ہمارے سامنے دو نام آتے ہیں رشید النساء اور اکبری بیگم۔ رشید النساء نے اپنے ناول کے دیباچہ میں اس بات کا انکشاف کیا ہے کہ جب ان کے بیٹے محمد سلمان سلمہ لندن سے بیرسٹری کی پڑھائی مکمل کر کے ہندوستان واپس لوٹ آئے تو ایک دن انہوں نے ان سے دریافت کیا کہ وہ کتاب کہاں ہے جسے وہ اُن کے لیے بچپن میں لکھا کرتی تھیں۔ رشید النساء کا کہنا ہے کہ انھوں نے وہ ناول فرضی نام سے 1881 میں لکھا تھا مگر کچھ وجوہات کی وجہ سے چھپ نہ سکی لیکن ان کے بیٹے کے اصرار پر یہ کتاب 1894 میں چھپ گئی۔ (اصلاح انساء، رشید انساء، خدابخش اورینٹل پبلک لائبریری، پٹنہ ، 2000, ص:11)۔ دوسری طرف قرۃ العین حیدر نے اپنی کتاب ’کارِ جہاں دراز ہے‘ میں یہ دعوی کیا ہے کہ اکبری بیگم نے ’گلدستہ محبت ناول کو 1880 کی دہائی میں لکھا تھا مگر بدقسمتی سے اس کا کوئی نسخہ اب موجود نہیں ہے۔ یاد رہے کہ اکبری بیگم کے والد میر مظہر علی قرۃ العین حیدر کی ماں نذر سجاد حیدر کے دادا جان تھے۔ (کارِ جہاں دراز ہے، ایجوکیشن پبلشنگ ہاوس، دہلی، ص:147)۔ اکبری بیگم نے عورتوں کے رسالوں میں بڑی شدت کے ساتھ پدری نظام کی مخالفت کی ہے۔ یہ وہ پہلی خاتون ہیں جنھوں نے صنفی جہاد کی حمایت کی اور اس بات پر زور دیا کہ عورتوں کو اپنا حق پانے کے لئے حکمت عملی سے خود بھی کوششیں کرنی چاہئیں۔

رشید النساء اور اصلاح النساء

رشید النساء بہار کے ایک تعلیم یافتہ اشرافیہ گھرانے میں پیدا ہوئیں۔ان کے والد شمس العلماء خان بہادر وحید الدین (چیف جسٹس) تھے۔رشید النساء کے گھر کا ماحول ادبی مجلسوں کا تھا۔انہوں نے اپنے بھائی امداد امام اثر عربی، فارسی، سنسکرت، اُردو، انگریزی، فرانسیسی، اور لاطینی ادب کے بارے میں سنا۔ان کی شادی مولوی محمد یحییٰ سے ہوئی جو فن موسیقی کے شوقین تھے۔(اصلاح النساء، ص: 220) گھر میں علمی ماحول ہونے کے باوجود رشید النساء کو گھر کے باہر تعلیم حاصل کرنے کی اجازت نہیں دی گئی۔رشید النساء کو گھر کے اندر ہی معمولی تعلیم دی گئی ۔ گھروں کے اندر عورتوں کو قرآن اور فارسی کی گلستاں اور بوستاں پڑھائی جاتی تھی لیکن یہ تعلیم بھی کچھ ہی گھروں میں دی جاتی تھی۔مثال کے طور پر سید احمد خان کی ماں عزیز النساء کو ایسی تعلیم دی گئی تھی مگر اس وقت کے مشہور ادیب ذکا اللہ کی ماں ناخواندہ تھیں حالانکہ ان کی شادی ایسے گھرانے میں ہوئی تھی جو صدیوں سے مغل شہزادوں کی معلّمی کے فرائض انجام دے رہے تھے۔گھر میں تعلیمی ماحول کی وجہ سے رشید النساء کو پڑھنے لکھنے کا بہت شوق پیدا ہوا۔ڈاکٹر اقبال حسین جو رشید النساء کے نواسے ہیں، کا کہنا ہے کہ گھر کے اندر ہی اپنی علمی معلومات کو کتابوں کے ذریعہ بڑھانے میں خدا بخش نے ان کی اس طرح مدد کی:۔

> ''خان بہادر خدا بخش خان، بانی خدا بخش اورینٹل پبلک لائبری اور میرے نانا مرحوم (سید وحید الدین خان بہادر) میں دوستانہ تعلقات کے علاوہ سالے بہنوئی کا بھی منہ بولا رشتہ تھا۔موصوف خان بہادر میری نانی (رشید النساء) کو بہن کہتے تھے۔اور ایک بہن کی حیثیت سے ان کا بہت ادب و احترام کرتے تھے۔نانی مرحومہ بھی ان سے حُسن وسلوک سے پیش آتیں۔نانی مرحومہ یہ بھی فرماتی تھیں کہ خدا بخش لائبری میں جتنی نادر کتابیں ہیں اکثر و بیشتر چوری کر کے منگائی جاتی تھی۔خود خدا بخش خان کا قول ہے " کتابوں کو جمع کرنے کا ہُنر تعزیراتِ ہند کے قانون سے بالاتر ہو جاتا ہے اور اس کو للکارتا ہے۔" اس قول کی روشنی میں انہوں نے اپنے کتابوں کے جمع کے ذوق کی تکمیل کی۔غرض جب بھی انہیں کسی نادر اور عمدہ کتاب کا سراغ ملتا تو پہلے اس عاریتاً یا قیمتاً لینے کی کوشش کرتے، ناکامی کی صورت میں وہ کسی شخص سے اس کتاب کو چوری کر کے منگوا کے لاتے۔جب ایسی کتابیں دستیاب ہوتیں تو اپنے گھر پشتہ والے مکان (جہاں اب انسٹی ٹیوٹ آف کارڈیولاجی) سے ان کتابوں کو ٹوکری میں رکھ کر اوپر سے کچھ کھانے پینے کی چیز رکھوا کر نانی مرحومہ کے گھر سبزی باغ نوکروں سے بھجوا دیتے اور تحفظ کے خیال سے خود پالکی پر آتے۔نانی موصوفہ اپنے نوکر کو کہتیں کہ دیکھو جو تحفہ کی ٹوکری

خدا بخش کے یہاں سے آئی ہے پلنگ پر رکھ دو۔ نوکر رکھ دیتا۔ فرصت اور تنہائی کے وقت نانی ان کتابوں کو چھپا کر رکھ دیا کرتی تھیں۔ خان بہادر خدا بخش کبھی کبھی تو ان کتابوں کو چار یا چھ ماہ کے بعد جب گرفت کے امکانات ختم ہو جاتے، منگوا لیتے یا خود آ کر لے جاتے۔ نانی مرحومہ فرماتی تھی کہ کبھی کبھی تو ایسی چوری کی ہوئی کتابوں کو تین تین سال کے بعد لے جایا کرتے تھے۔''

(داستان میری: خودنوشت سوانحہ حیات، ڈاکٹر اقبال حسین، خدا بخش اورینٹل لائبریری، پٹنہ، 2000، ص:79)

اصلاح النساء کو پڑھنے کے بعد اس بات کا اندازہ ہوتا ہے کہ ان کی تحریر پر تین چیزوں کا گہرا اثر تھا۔ سب سے پہلے ڈپٹی نزیر احمد کی ناول نگاری کا جس کا ذکر ان کے ناول میں بھی ملتا ہے:

''لاڈلی : ہاں مولوی نذیر احمد نے بھی کتابیں لکھی ہیں۔ ایک مراۃ العروس جو لکھی جس میں اکبری اصغری کا حال لکھا ہے تو کیا سب اصغری ہو گئیں؟ کوئی اکبری دنیا میں باقی نہیں رہی؟

اشرف النساء : اگر سب اصغری نہیں ہوئیں، جب بھی سو میں سے پچھتر تو اصغری ہو گئیں اور پچیس اکبری باقی رہیں یہ فائدہ نہیں ہوا؟ ۔۔۔ اللہ مولوی نذیر احمد صاحب کو عاقبت میں بھی بڑا انعام دے۔ ان کی کتاب کے پڑھنے سے عورتوں کو بڑا فائدہ پہنچا، جہاں تک ان کو معلوم تھا انہوں نے لکھا اور اب جو ہم جانتے ہیں اس کو انشاء اللہ تعالیٰ لکھیں گے۔ جب اس کتاب کو لڑکیاں پڑھیں گی تو مجھے خدا سے امید ہے کہ انشاء اللہ سب اصغری ہو جائیں گی۔'' (اصلاح النساء ص61/62)

ڈپٹی نذیر احمد کے ناول 'مراۃ العروس' میں اصغری (اچھی عورت) اور اکبری (بُری عورت) کے اہم کرداروں کو رشید النساء نے رحمت النساء اور بسم اللہ کی شکل میں اپنے ناول کا حصہ بنایا ہے۔ فرق صرف اتنا ہے کہ اصغری اور اکبری دو بھائیوں کی بیویاں تھیں مگر رحمت النساء اور بسم اللہ دونوں ایک ہی مرد امتیاز الدین کی بیویاں ہیں۔ اس کا یہ ہرگز مطلب نہیں ہے کہ وہ کثرت ازدواج کو جائز ٹھہراتی تھیں بلکہ ان کا ماننا تھا کہ معاشی نتائج کی وجہ سے دوسری شادی کی صورت میں گھر کو سنبھالنا مرد کے لیے مشکل ہو جاتا ہے (ایضا، ص:175)۔ یاد رہے اس وقت مسلم طبقہ اشرافیہ معاشی عدم تحفظ کا شکار تھا۔ اصلاح النساء کی کہانی رحمت النساء اور بسم اللہ کے کرداروں پر مبنی ہے۔ اپنی ماں وزیرن کے زیر اثر ہونے

کی وجہ سے بسم اللہ بہت ہی وہم پرست بن جاتی ہے اور بہت ساری فضول رسمیں کرتی ہے۔ اس وہم پرستی کی وجہ سے بسم اللہ اپنے شوہر امتیاز الدین کا مشورہ نہیں مانتی ہے اور اپنے بچے کو چیچک (smallpox) کی بیماری سے بچاؤ کا ٹیکا لگوانے سے منع کرتی ہے جس کی وجہ سے بچہ مر جاتا ہے۔ اپنی بیوی سے تنگ آ کر امتیاز الدین دوسری شادی رحمت النساء کے ساتھ کرنے پر مجبور ہو جاتا ہے کیوں کہ بسم اللہ میکے سے اپنے شوہر کے گھر آنے سے انکار کر دیتی ہے۔ چونکہ امتیاز الدین کی دوسری بیوی رحمت النساء اور اصلاح النساء کی ہیروئن تعلیم یافتہ تھی، اپنے معاملات میں عقل و شعور سے کام لیتی تھی جس کی وجہ سے اور اپنے گھر گرہستی کو اچھے طریقے سے سنبھال لیتی تھی اور اُسی کی کوششوں کی وجہ سے بسم اللہ توبہ کرتی ہے اور سیدھے راستے کو اپنانے میں کامیاب ہوتی ہے۔

دوسری چیز جس نے رشید النساء کو متاثر کیا وہ ہم عصر مذہبی اصلاحی تحریکیں تھیں۔ اصلاح النساء میں اس بات پر زور دیا گیا ہے کہ کس طرح عرفی رسمیں اور وہم پرستی مسلم سماج کا حصہ بن گئی ہیں۔ رشید النساء نے بسم اللہ کے کردار کے ذریعہ ان غیر ضروری رسموں کے مسلم گھرانوں پر نقصان دہ اثرات کا تفصیلی جائزہ لیا ہے۔ رشید النساء نے عقل اور شریعت دونوں پر عمل کرنے پر زور دیا ہے۔ وہ اس بات کی بے حد حامی ہیں کہ اگر عقل پرستی اور شریعت کو اپنانا وہابیت ہے تو اس میں کوئی بُرائی نہیں۔ (ایضا، ص: 36) رشید النساء کا ماننا تھا کہ انھیں غیر شرعی رسومات کی وجہ سے مسلم قوم ترقی نہیں کر رہی ہے اور ان بیہودہ رسموں کو صرف عورت کو تعلیم دے کے ہی ختم کیا جا سکتا ہے۔

تعلیم نسواں پر رشید النساء کی فکر ان کے ہم عصر مرد اصلاح پسندوں سے بہت مختلف تھی۔ یہ وہ دور تھا جب سر سید احمد خان عورتوں کی تعلیم کو گھر کے اندر ہی محدود رکھنا چاہتے تھے جیسا کہ اُن کی والدہ عزیز النساء کی تعلیم ہوئی تھی۔ سر سید احمد خان کی رائے میں ابھی ایسا وقت نہیں آیا تھا کہ عورت کی تعلیم ممکن ہو اسی لئے پہلے مردوں کی تعلیم پر زور دینا چاہئے جب وہ تعلیم یافتہ ہو جائیں گے تب اپنی اپنی عورتوں کی تعلیم کا بندوبست مرد حضرات خود کر لیں گے لیکن اسکے برعکس رشید النساء کا خیال تھا کہ مسلم قوم کی ترقی صرف عورت کی تعلیم سے ہی ممکن ہے۔ رشید النساء کا کہنا تھا انگریزوں کی عورتیں پڑھی لکھی اور تعلیم یافتہ ہوتی ہیں جس کی وجہ سے ان کے لڑکے اور لڑکیاں سب تعلیم یافتہ ہوتے ہیں۔ (ایضا، ص: 161) رشید النساء نے عورت کی تعلیم کو مرد کی تعلیم کے لئے ضروری قرار دیا ہے۔ ان کا کہنا تھا کی جب لڑکے پیدا ہوتے ہیں تو سب سے پہلے ماں سے ہی تعلیم پاتے ہیں پھر بعد میں کسی مولوی، ماسٹر کے حوالے کئے جاتے ہیں۔ بچے کی ابتدائی پرورش (تعلیم) کا اثر بہت دیر پا رہتا ہے جس کی وجہ سے عورت کی تعلیم اور اہم بن جاتی ہے۔ (ایضا، ص: 162). رشید النساء کا ماننا تھا کہ جب لڑکیاں تعلیم یافتہ ہو جائیں گی تو لڑکوں کی تعلیم میں کچھ خاص مشکل نہیں ہوگی اور اب وقت آ گیا ہے جب لڑکیوں کو انگریزی اسکولوں میں پڑھنے کے لئے بھیجا جائے اور ان کو وہاں عربی، فارسی اور اُردو کتابوں کے علاوہ انگریزی بھی سکھائی جائے۔ (ایضا، ص: 159) رشید النساء نے عورتوں کی تعلیم کی وکالت قلم کے علاوہ اپنی ذاتی کوششوں سے بھی کی۔ انہوں نے خود کسی اسکول میں تعلیم نہیں پائی مگر اس کمی یا آرزو کو پورا کرنے کے لئے رشید النساء نے 1904 ایک زنانہ مدرسہ 'مدرسہ اسلامیہ' قائم کیا جو بعد میں 'بتیاں ہاؤس' کے نام سے مشہور ہوا۔ (ایضا، ص: 222)

رشید النساء نے اپنے ناول میں بھی اس بات کو بیان کرنے کی کوشش کی ہے کہ مرد اور عورت کی جسمانی ساخت میں اللہ نے کوئی فرق نہیں کیا ہے اور اسی لئے جو مضامین مردوں کو پڑھائے جائیں وہی عورت کو بھی پڑھنے کی اجازت ہو۔ دنیا کا ایسا کون سا کام ہے جو عورت نہیں کر سکتی کیوں کہ اللہ نے سمجھ بوجھ تو عورت کو بھی دے رکھی ہے وہ بھی مردوں کی طرح طب کی کتابیں پڑھ سکتی ہے مگر وہ اس بات پر اپنی ناراضگی کا

اظہار کرتی ہیں کہ ہندوستان میں عورتوں کو ان کی تعلیم کے حوالے سے قابل اعتناء نہیں سمجھا جاتا ہے نتیجے کے طور پر نہ ہی وہ تعلیم حاصل کر پاتی ہیں اور نا ہی کوئی ہنر سیکھ سکتی ہیں۔ (ایضا،ص: 163)

رشید النساء کو گھر میں ہی تعلیم دی گئی تھی مگر وہ اس تعلیم سے خوش نہیں تھیں۔ گھر کی تعلیمی برائیوں کو رشید انساء نے یوں بیان کیا ہے۔

''دو روپے مہینے کی آتو (اُستانی) سے گھر پر تعلیم نہیں ہوسکتی ہے کیوں کہ آتو کو خود کچھ پڑھنا تو آتا ہی نہیں سوائے قرآن شریف کے وہ بھی غلط، اور پڑھنا کیا آوے گا؟ اگر کسی گھر میں آتو رکھی بھی جاتی ہے تو دو روپے مہینے سے زیادہ نہیں مل سکتا، پڑھنا تو آتا ہی نہیں، لڑکی کو رات دن بٹھائے رہتی ہیں، جو کچھ ذہن حافظ ہے، وہ بھی بیٹھے بیٹھے کند ہو جاتا ہے، لڑکی کو حکم ہے کہ طوطا مینا کی طرح رٹا کرو۔''

(ایضا،ص: 160)

انگریزی خواتین کے تانیثی ادب کا مطالعہ کرتے ہوئے Elaine Showalter نے اپنی کتاب ' A Literature of their Own, Princeton University Press, 1977' میں انگریزی تانیثی ادب کو تانیثی تحریک کی طرح (پہلا Feminine Phase، دوسرا Feminist Phase اور تیسرا Female Phase) تین مرحلوں میں تقسیم کیا ہے۔ پہلے مرحلے (Feminine) میں خواتین قلم کاروں نے موجودہ ادبی کلچر کی نقل کرتے ہوئے اپنی شناخت کو چھپاتے ہوئے فرضی نام سے علمی میدان میں قدم رکھا اور اس پدری تعصب کو غلط ثابت کر دیا کہ عورت ذہنی طور پر مرد کے مقابلے میں کمزور ہے۔

Elaine Showalter کے نظریے کی روشنی میں ہندوستانی تانیثی اُردو ادب کو بھی سمجھا جا سکتا ہے۔ سب سے پہلے رشید النساء نے فرضی نام سے اصلاح النساء کو شروع کیا۔ (ایضا ،ص: 11)۔ اصلاح النساء کے پہلے ایڈیشن میں ان کا نام 'والدہ محمد سلیمان سلمہ الرّحمٰن (بیرسٹرایٹ لا) بنت شمس العماء سید وحید الدین خان بہادر (مرحوم ومغفور) ہمشیرہ شمس العلماء مولوی سید امداد امام صاحب' اور وہ خود کو کسی مرد کی ماں، بیٹی، اور بہن بتاتی ہیں۔ یہ ایک حکمت عملی کا حصہ تھا جو ابتدائی دور کی خواتین نے اپنایا تھا تاکہ بنا کسی پدری مخالفت کے وہ اپنی ذہنی اور فکری صلاحیتوں کا مردوں کی طرح مظاہرہ کر سکیں۔ اس دور کی خاص بات یہ تھی کہ خواتین قلم کاروں نے اپنے آپ کو گمنامی میں رکھتے ہوئے علمی میدان میں قدم رکھنا شروع کر دیا جو کسی طور بھی آسان نہ تھا۔ رشید النساء کے علاوہ اکبری بیگم نے بھی یہی ترکیب اپنائی۔ اکبری بیگم نے پہلا ناول 'گلدستہ محبت' عباس مرتضٰی کے نام سے لکھا۔ ان کا دوسرا ناول 'گودڑ کا لال' 1907 میں والدہ افضل علی کے فرضی نام سے چھپا۔ یہ ناول رسالہ 'شریف بی بی' میں 12-1909 کے درمیان قسط وار شائع ہوا۔ اس کے علاوہ اکبری بیگم نے 'شعلہ پنہاں' اور 'عفت نسواں' بھی لکھی۔ (قرۃ العین حیدر، ص: 149) اکبری بیگم نے اپنی شناخت کو پوشیدہ رکھتے ہوئے رسالہ شریف بی بی میں یہ اعلان بھی کر دیا کہ وہ قلم کے ذریعے صنفی جہاد کرنے کے لئے تیار ہیں۔

> 'ایڈیٹر خاتون (شیخ عبداللہ نے خاتون رسالے کو 1904 میں شروع کیا تھا) لکھتے ہیں کہ عورتیں ہمیں تھوڑی سی مدد دیں اور ہمیں ایسے واقعے لکھتی رہیں تو ہم اس جہاد کے لئے تیار ہو۔ تیغ علم لیکر نکلیں، بہت سی عورتیں اون (اُن) کے جھنڈے تلے اُن کی مدد کو

موجود ہوں گی۔ جن میں سب سے پہلی میں ہوں مگر میں عورت ہوں
اس واسطے مرا (میرا) کھلے طور پر تلوار اوٹھانا (اُٹھانا) مشکل ہے
ہاں خفیہ طور پر تلوار، تیر، نیزہ سب اُٹھاوں گی اور ایسی فوجکی جو میری
ہم جنسوں کی طرفدار ہو کر جہاد کو نکلے گی۔ جاسوسی بہت کوشش سے
کروں گی مگر افسوس ایسا منچلا کون ہے جو ہم بیکس و بے بس کیطرف
سے جہاد کو نکلے گا کوئی نہیں کوئی نہیں اس طرف سے بالکل مایوسی ہے۔'

(شریف بی بی، اکتوبر ,1910, ص:46).

اُنیسویں صدی کے آخر تک بہت ساری خواتین نے اپنے متعلق لکھنا شروع کر دیا تھا۔ اس فہرست میں رشید النساء سے پہلے 1887 میں سہر بانو بیگم نے اپنی خود نوشت 'آپ بیتی' لکھی۔ اس میں سحر بانو بیگم نے اپنی زندگی کی تفصیلات کے علاوہ غدر سے پہلے اور بعد کے اہم تاریخی واقعات پر بھی روشنی ڈالی ہے۔ اسی دوران محمدی بیگم نے اشرف النساء بیگم کی سوانح حیات 'حیاتِ اشرف' لکھی اور اشرف النساء بیگم کی تعلیمی جدو جہد کے بارے میں بتایا۔ بنگال کی رشندری دیوی کی طرح اشرف النساء بیگم نے بھی گھر کے اندر رہ کر چوری چھپے پڑھنے لکھنے کی جرات کی۔ کہا جاتا ہے کہ وہ چولھے کی راکھ سے رات کے وقت چھت پر جاکے اُردو میں لکھنے کی مشق کرتی تھی۔ انھوں نے اپنی لکھنے کی صلاحیت کا راز تب کھولا جب مجبوراً 1857 کی بغاوت کے دوران اپنے والد فتح حسین جو پیشے سے وکیل تھے اور گوالیار میں ملازمت کر رہے تھے، کی خیریت جاننے کے لئے ان کو خفیہ طور پر خط لکھا لیکن جب چچا کو ان کے لکھنے پڑھنے کا علم ہوا تو وہ اشرف النساء بیگم سے بہت ناراض ہوئے اور یہ قسم لی کہ وہ آئندہ کسی کو کوئی بھی خط نہیں لکھیں گی مگر اشرف النساء بیگم نے محمدی بیگم کے اصرار پر پہلی بار تہذیب نسواں میں اپنی زندگی کے بارے میں لکھا اور چچا کو دی ہوئی قسم توڑ دی۔ اشرف النساء بیگم اور محمدی بیگم میں ربط بہت گہرا تھا۔ محمدی بیگم نے یہ وصیت کی تھی کہ ان کو اشرف النساء بیگم کی قبر کے ہمراہ دفن کیا جائے۔ (تہذیب نسواں، 14 نومبر 1908، ص :508)

محمدی بیگم نے تہذیب نسواں رسالے کی ایڈیٹرشپ سنبھالنے کے ساتھ ہی عورتوں کی اصلاح کی ذمہ داری بھی اپنے ہاتھوں میں لے لی۔ بڑی کم مدت میں انہوں نے بہت سارے ناول لکھے جن میں عورتوں کے مسائل جیسے تعلیم، پردہ، بنا مرضی کے شادیاں وغیرہ جیسے موضوعات نمایاں رہے۔ قلم کے علاوہ محمدی بیگم نے مختلف انجمنوں کے زریعہ عورتوں کی نمائندگی کرنے لگیں۔ (تہذیب نسواں ، 6 جولائی 1918، ص:433)۔ محمدی بیگم کو قدرت نے زیادہ مہلت نہیں دی اور 1908 اپنے مالک حقیقی سے جاملیں۔

بیسوی صدی کی ابتدا سے تانیثی تحریک کا نیا باب شروع ہوا۔ اب عورتوں نے پردے سے نکل کر صنفی جہاد کا اعلان کر دیا۔ اب خواتین لکھاریوں کی تعداد میں مسلسل اضافہ ہونے لگا۔ اس تانیثی تحریک کو آگے بڑھانے میں نذر سجاد حیدر، صغرا ہمایوں مرزا، حجاب اسمٰعیل، رقیہ سخاوت حسین، جمیلہ بیگم، شائستہ اختر صاحبہ سُہر وردی، مسز عبدالقادر وغیرہ نے اپنی قابل ذکر قلمی خدمات انجام دیں۔ اس کے علاوہ اور بھی بہت سی روشن خیال خواتین قلم کار ہیں جو کسی نہ کسی طرح تانیثی تحریک کا حصہ رہی ہیں مگر ان کو قعر گمنامی سے باہر نکالنے کی اشد ضرورت ہے تا کہ ان کی کوششوں کو سراہا جاسکے۔

خدا کی بستی۔ حقیقت پسندی کی عمدہ مثال

ڈاکٹر الطاف حسین

شوکت صدیقی کا ناول ''خدا کی بستی'' ایک حقیقت پسندانہ ناول ہے جس میں پاکستان کے قیام کے بعد مملکت خداداد کے زوال آمادہ معاشرے کی تصویرکشی کی گئی ہے۔ شوکت صدیقی نے یہ ناول اس وقت لکھا جب پاکستان کو وجود میں آئے ابھی تھوڑا ہی عرصہ ہوا تھا لیکن اس قلیل عرصے میں ہی پاکستان، سیاسی وسماجی، معاشی اور اخلاقی اعتبار سے بحران کا شکار ہو چکا تھا۔ اس صورت حال نے ادیبوں اور دانشوروں کو کرب میں مبتلا کر رکھا تھا۔ چنانچہ اسی پس منظر میں ایک افلاس زدہ خاندان کے حوالے سے شوکت صدیقی نے ''خدا کی بستی'' کی تخلیق کی اور معاشرے میں پھیلی گھٹن، بے سمتی، تشکیک، افلاس، استحصال اور لاقانونیت کو اپنے ناول میں پیش کر کے قوم کو بیدار اور ہوشیار کرنے کی کوشش کی۔

دراصل اس وقت فسادات کے موضوع کو خاصا اعتبار حاصل تھا لیکن عام قاری کے ذہن کی آنکھ اس وقت جن باتوں کو دیکھ رہی تھی اس کا احاطہ شوکت صدیقی نے بڑی مہارت کے ساتھ کیا ہے۔ اس وقت سب سے بڑا مسئلہ یہ تھا کہ معاشرہ کو سیاسی، سماجی و معاشی انصاف مہیا کیا جائے اور انسان کو اس کی جائز ضروریات سے محروم نہ کیا جائے ورنہ عدم انصاف اور استحصال کا ماحول جرائم پیشہ افراد کو جنم دے گا۔ شوکت صدیقی نے اس معروضی حقیقت کو جان لیا تھا اسی لیے ان کے اس ناول کے کردار خیر و شر کے کیمپوں میں کھڑے نظر آتے ہیں یا یوں کہہ لیجیے کہ وہ سماج کو ظالم اور مظلوم کے حوالے سے دیکھتے ہیں۔

آغاز میں ناول کا اہم کردار نوشہ نظر آتا ہے جو ایک مفلس گھرانے کا فرد ہے وہ اپنے ایک بھائی اور بہن کے ساتھ اپنی ماں کی نگرانی میں تاریک ماحول کا ایسا متحرک فرد نظر آتا ہے جو محنت کر کے بھی اپنے ماحول کو نہیں تبدیل کر سکتا۔ ایک اچھی زندگی اس کا خواب ہے جو سراب جا بت ہوتا ہے اسی کی طرح کے دوسرے کردار راجہ شامی بھی اسی ماحول کا حصہ ہیں۔ آخر ایک دن تنگ آکر نوشہ اپنے ساتھی کے ساتھ گھر سے بھاگ نکلتا ہے یوں بعد کی کہانی کا بڑا حصہ اس کی ماں اور بہن سلطانہ سے متعلق بن جاتا ہے۔ اب کباڑیہ نیاز اس ماحول کو اور بھی مکدر کر دیتا ہے۔ پہلے وہ نوشہ کی ماں سے شادی کرتا ہے اور انشورنس کی رقم ہتھیانے کی خاطر ڈاکٹر موٹو سے اسے ایسے انجکشن لگواتا ہے جو اسے بالا آخر موت سے ہمکنار کر دیتے ہیں بعد میں نیاز کا نشانہ سوتیلی بیٹی سلطانہ بنتی ہے جس سے ایک بچہ بھی ہو جاتا ہے۔ اس تاریکی میں سلمان جیسا سیدھا سادھا مگر غیر متحرک یا یہ کہ نسبتاً کم فعال کردار تھوڑی تھوڑی دیر کے لیے جگنو کی طرح چمکتا ہے اور پھر غائب ہو جاتا ہے اس کی مفلسی اگر اس کے آڑے نہ آئی ہوتی تو وہ سلطانہ کو حاصل کر سکتا تھا لیکن قسمت کو کچھ اور ہی منظور ہوتا ہے جس کے نتیجہ میں سلطانہ مظلومیت کا سمبل بن کر اُبھرتی ہے۔

شر سے متعلق دوسرے چند کردار شاہ جی، یوکر حضرت جعفری اور خاں صاحب ہیں۔ شاہ جی بچوں کو اغوا کرا کے اپنے یہاں لا کر ان کو سماج دشمن عناصر کا روپ دے کر روپیہ اینٹھتے ہیں ہمارے یہاں آج بھی ایسے عناصر موجود ہیں جو اس طرح ہزاروں گھرانوں کو اُجاڑتے ہیں اس طرح جرم کا یہ بھیانک روپ ایک گھناؤنے انسٹی ٹیوشن یا ادارے کے حیثیت سے سامنے آتا ہے جو اس قدر مضبوط ہے کہ قانون نافذ کرنے والے ادارے اور سیاسی ارباب واقتدار اسکے سامنے معذور نظر آتے ہیں۔ شوکت صدیقی کے ناول میں جرائم کی دُنیا انڈر ورلڈ Under World کے جاہل اور ظالم کردار ہی شر کے ساتھیوں کی حیثیت سے ہمارے سامنے نہیں آتے بلکہ یہاں وہ سفید پوش لوگ بھی ہیں جن کی معاشرہ میں بڑی عزت ہے جو

سماجی کاموں کی آڑ میں دولت سمیٹتے ہیں ان میں خان صاحب سب سے نمایاں ہیں۔ ایسے لوگوں کی زندگی کا مقصد دوسروں کا استحصال کر کے اپنی تجوریاں بھرنا ہوتا ہے یہ کردار ہر جگہ پائے جاتے ہیں لیکن عام دنیا میں یہ لوگ بے نقاب اور رُسوا نہیں ہوتے بلکہ خوب ترقی کرتے نظر آتے ہے اور چونکہ منافقت اور ریاکاری ان کے معروف ہتھیار ہوتے ہیں__ ایسے لوگوں کا خاتمہ ممکن بھی نظر نہیں آتا اسی لیے کرداروں کی عکاسی سے ناول نگار انسانوں اور اداروں کے ضمیر جھنجھوڑنا چاہتا ہے۔ شوکت صدیقی نے بھی ایسا ہی کیا ہے ان کے اس ناول کو پڑھ کر بے اختیار انگریزی ناول نگار چارلس ڈکنس (Charles Dickens) یاد آجاتا ہے جو معاشرہ کے ظالم، جابر، منافق اور ریاکار کرداروں کی عکاسی میں ید طولیٰ رکھتا ہے اس نے بچوں پر ہونے والے ظلم کے حوالے سے سب کو بے نقاب کیا اور یہ اس کے ناولوں ہی کا اعجاز تھا کہ انگلینڈ کی پارلیمنٹ نے بچوں کے حقوق کے تحفظ کے لیے قونین بنائے۔ عام طور ادب میں لکھے جانے والے ناخوشگوار حقائق کا فوری اثر نہیں ہوتا۔ خصوصی طور پر وہاں پر کہ جہاں حکومتی ادارے بے حس لوگوں کے ہاتھوں میں ہوں لیکن پھر بھی ادیب کے لکھے ہوئے الفاظ احتجاج کی عمارت کو تعمیر کرتے جاتے ہیں۔ اور اصلاح احوال ہو ہی جاتی ہے۔ فرانسیسی انقلاب کے پیچھے ادیبوں کا احتجاج کارفرما نظر آتا تھا یا وہ ممالک جنہوں نے آزادی حاصل کی اس میں ادیب کے قلم نے بھی ہتھیار کا رُول انجام دیا لیکن اس کا مطلب یہ نہیں ہے کہ ایسا ادب فن کے دائرہ میں نہیں آتا۔ یہ ادیب کا کام ہے کہ وہ فن کے جمالیاتی تقاضوں کو بروئے کار لاتے ہوئے بھی معاشرہ میں تبدیلی کا سامان پیدا کردے۔ شوکت صدیقی نے جہاں استحصالی کردار دکھائے ہیں وہاں فلک پیما تنظیم کے حوالے سے انسانوں کے لیے قربانی دینے والے کرداروں کو بھی پیش کیا ہے جیسے سلمان، صفدر بشیر۔ علی احمد غیرہ۔ انہی کے ساتھ ساتھ ڈاکٹر زیدی اور پروفیسر صاحب بھی ہیں جو مایوسی کا شکار نہیں ہیں یہ سب انسانوں کی فلاح و بہبود کے لیے سب کچھ کرنے کو تیار ہیں۔ ان میں علی احمد کے کردار کی عظمت سلطانہ سے شادی کر کے اس کے بچے کو اپنا لینے سے ہی ظاہر ہوتی ہے۔ کچھ لوگ فلک پیما یا اسکائی لارک تنظیم کی عکاسی کو تبلیغی جذبہ سے تعبیر کرتے ہیں اور اس پر تنقید کرتے ہیں۔ مثال کے طور پر پروفیسر عبدالسلام نے لکھا ہے:

> ''شوکت صدیقی حقیقت نگاری کے ساتھ اپنے ماحول کی تشکیل
> نہیں کر سکے ہیں وہ تبلیغی جذبے کا شکار ہوگئے ہیں۔'' (۱)

جہاں تک اس الزام کا تعلق ہے کہ وہ حقیقت نگاری کے ساتھ اپنے ماحول کی تشکیل نہیں کر سکے ہیں تو اس پہلو کو تو سب نے تسلیم کیا کہ ترقی پسندوں میں ناول کے حوالے سے شوکت صدیقی نے حقیقت نگاری کے فن میں بڑا نام کمایا ہے۔ ہم کرشن چندر پر رومانی حقیقت نگاری کا الزام لگا کر انہیں بڑے ناول نگاروں کی صف سے خارج کر سکتے ہیں تاہم شوکت صدیقی نے جن کا مشاہدہ اور تجربہ بڑا مستحکم اور گہرا رہا ہے پختہ حقیقت نگار ہونے کا ثبوت فراہم کیا ہے۔ ایسا ناول نگار جو پلاٹ کی بنیاد پر ناول تصنیف کر رہا ہو اور جس نے جزئیات نگاری میں کمال دکھایا ہو اس پر یہ الزام جچتا نہیں پھر یہ کہنا کہ وہ تبلیغی جذبہ کا شکار ہوگئے ہیں اسکائی لارک تنظیم کی غرض و غایت کے عدم ادراک کا شاخسانہ ہے۔ شوکت صدیقی کے یہاں یہ تنظیم ایسے افراد کے کرداروں کو ظاہر کرنے کے لیے استعمال ہوئی ہے جو شر کے مقابلے پر خیر کے طرف دار ہیں۔ ہمیں ایسے تمام سرمایہ دارانہ ممالک میں ایسی فلاحی تنظیمیں ملیں گی جو بنی نوع انسان کی خدمت کو اپنا شعار بنائے ہیں۔ اور ایسے زندہ کردار بھی نظر آجاتے ہیں جو نوبل پرائز اور دیگر عالمی انعامات اپنی انسانیت نوازی کی بنا پر حاصل کرتے ہیں۔ ویسے بھی اس تنظیم سے کہیں یہ تاثر نہیں اُبھرتا کہ شوکت صدیقی نے ناول کو اس قسم کی تنظیم کی تبلیغ کے لیے استعمال کیا ہے۔ ناول میں کسی نظریہ کا بھی پرچار نہیں ملتا۔ اسی طرح ڈاکٹر احسن فاروقی بھی اس ناول کو ہدف تنقید

بناتے ہوئے لکھتے ہیں:

''خدا کی بستی تو اشتراکی طرزِ ناول نگاری کی بھی سطحی پیروی
ہے''(۲)

ڈاکٹر حسن فاروقی نے خدا کی بستی کے لیے اسی مضمون میں یہ بھی لکھا ہے کہ شوکت صدیقی نے گندگی کے پیچھے صفائی کا پر تو نہیں دکھایا ورنہ وہ فلسفی ناول نگار کے دائرہ میں آجاتے۔ اصل مسئلہ یہ ہے کہ یہ ضروری تو نہیں کہ ناول نگار فلسفی بننے کی کوشش ضرور کرے اس نے اپنے مخصوص وژن سے ماحول کی عکاسی کردی اب اگر اس سے کوئی فلسفہ اُبھرتا ہے تو ٹھیک ہے اور اگر نہ اُبھرے تب بھی کوئی ایسی بات نہیں کہ ناول نگار سطحی بن گیا۔ شوکت صدیقی نے ''خدا کی بستی'' میں مطالعیت Readability کا جو حسن برقرار رکھا ہے اور جس طرح فلسفی نہ ہوتے ہوئے بھی ثابت کیا ہے کہ جرم کے ڈانڈے افلاس واستحصال سے جا کر ملتے ہیں جس کے نتیجہ میں معاشرہ ٹوٹتا ہے اور یہ کہ معاشرہ میں سماجی بہبود کی تنظیمیں ایک کرپٹ نظام کا آئینہ فراہم کرتی ہیں۔ وہ بذات خود ان کی کامیاب ناول نگاری پر دال ہے اور جہاں تک ڈاکٹر صاحب نے اسے اشتراکی ناول نگاری کے مقابلے پر رکھا ہے تو ناول میں اتفاق سے کہیں بھی وہ اشتراکی پروپگینڈہ نہیں ملتا جو اشتراکی ناول کا خاصہ ہے۔ اگر اس ناول میں اشتراکی پروپگینڈہ ہوتا تو اسے نقاد اور قاری دونوں کی طرف سے مسترد کر دیا جاتا اور دوبار پاکستان ٹیلی ویژن پر اس کی ڈرامائی تشکیل بھی پیش نہ کی جاتی۔

''خدا کی بستی'' پڑھتے ہوئے یہ تاثر اُبھرتا ہے کہ مصنف نے تاریکی یا اندھیرے کو بہت اہمیت دی ہے۔ چوں کہ اس میں جرائم کی دُنیا پیش کی گئی ہے اور استحصالی نظام پر شدید وار کیا گیا ہے اس لیے شاید انہوں نے ماحول کی معنویت آشکار کرنے کے لیے خاصے مناظر اندھیرے کے تعلق سے پیش کئے ہیں۔ اندھیرا خود استحصال اور کرپٹ سسٹم کی علامت ہے۔ یہ ظلم اور جبر کا بھی احساس دلاتا ہے اس تعلق سے شکسپیئر کا المیہ ڈرامہ میکبتھ Macbeth یاد آجاتا ہے جس کا پورا منظر نامہ تاریکی میں ترتیب پاتا ہے بلکہ اندھیرا بذات خود ایک خفیہ کردار کی حیثیت سے احسان ناشناس میکبتھ اور اس کے ساتھیوں کے ساتھ سائے کی طرح پیچھے لگا رہتا ہے اور آخر میں انھیں ناگ کی طرح ڈس لیتا ہے چونکہ شوکت صدیقی قنوطی فن کار نہیں ہیں اور رجائیت ان کی تحریر کا مضبوط حصہ ہے اس لیے ان کے فن میں اندھیرے کی علامت اسکائی لارک تنظیم کی روشنی کے استعارے کے ساتھ مل کر رمزیت کا تاثر پیش کرتی ہے۔ اس اعتبار سے اگر اُن کے پیش کئے گئے اچھے کردار سامنے سے ہٹا لئے جائیں تو ناول کا ڈھانچہ فلک بوس ہو کر رہ جائے گا۔ واضح رہے کہ شوکت صدیقی کے یہاں علامتیں اور استعارے کردار کی ٹھوس شکل میں سامنے آتے ہیں اور ان میں اوپر کی ٹھونس نظر نہیں آتی اس بارے میں ایک انٹرویو میں وہ خود کہتے ہیں:

''جہاں تک علامت نگاری کا تعلق ہے وہ تو ادب کا بنیادی حصہ
ہے۔ اس سے گریز اختیار نہیں کیا جا سکتا۔ اس لیے کہ افسانے کا
کردار بذاتِ خود ایک علامت ہوتا ہے''۔(۳)

گو کہ یہاں انہوں نے کردار کو علامتی افسانے کے حوالے سے کہا ہے لیکن یہ ہی حقیقت ان کے ناول پر بھی صادق آتی ہے۔ ناول میں تو کہانی، سماج اور ماحول کا وسیع پس منظر ہوتا ہے اس لیے اس کا کردار تو واقعی علامت بن کر اُبھرتا ہے۔ اس سلسلے میں ہوری۔ دھنیا، گوتم نیلمبر۔ چمپا، کمال ابوالمنصور اور ایسے کئی کرداروں کے نام گنوائے جا سکتے ہیں جن سے ان ناولوں کی پہچان بن گئی ہے۔ ایسے ہی کرداروں میں نوشہ۔ راجہ، نیاز۔

ڈاکٹر موٹو اور سلطانہ شامل ہیں ۔اس اعتبار سے شروع سے اب تک جو ادبی ناول لکھے گئے ہیں اور جنہیں اعتبار بھی حاصل ہے وہ کردار کی پیشکش کے حوالہ سے علامتی کہلائے جاسکتے ہیں گو کہ اس پر کچھ نقاد اعتراض کر سکتے ہیں کہ چونکہ ناول کا پیٹرن (Pattern) روایتی ہے اور چوں کہ کردار تو ناول میں ہوتا ہی ہے اس لیے اسے علامتی کیوں کہا جائے؟ ان کے نزدیک وہ علامتی ناول کا رُوپ اس وقت دھارے گا جب اس میں خود کلامی ہو۔اس میں تجریدیت ہو،اساطیر کے حوالے ہوں ۔استعاراتی فضا ہواور پورا ماحول علامتی رنگ میں رنگا ہوا ہو۔اب اس قسم کے ناول بھی ۱۹۸۰ء کے اطراف سے سامنے آرہے ہیں جن میں یہ سب خاصیتیں موجود ہیں۔اس کے لیے'' دیوار کے پیچھے''۔'' میں اور وہ جنم کنڈلی''، ''خوشبیوں کا باغ''،''جنم رُوپ''وغیرہ کی مثالیں دی جاسکتی ہیں یہ اور چند دوسرے ناول جدیدیت کے تحت لکھے گئے ہیں تاہم شوکت صدیقی کا یہ کہنا کہ کردار بذاتِ خود ایک علامت کا رُوپ دھار لیتا ہے۔عمومی طور پر دُرست ہے لیکن یہ بھی درست ہے کہ ماجرہ سے بھر پور روایتی ناول کی راہیں بھر پور علامتی ناول سے جو کہ جدیدیت کی پیداوار ہوتا ہے جُدا بھی ہوتے ہیں۔اس لیے کہ روایت میں شگاف ڈالنے کی غرض سے جدید ناول نگار ہئیت کے تجربے شروع کر دیتا ہے۔علامتیں تخلیق کر کے اس میں سمو دیتا ہے اور یوں جدید ناول روایتی ناول سے علیحدہ اپنی شناخت بنانے لگتا ہے تاہم اس کا یہ مطلب یہ نہ لیا جائے کہ غیر جدید ناول کی کوئی اہمیت نہیں اس کی اپنی ایک الگ حیثیت اور اہمیت ہوتی ہے۔مثال کے طور پر مطالعیت Readability اور تاثر کے لحاظ سے روایتی ناول کا اپنا ایک مقام ہے ٹالسٹائے۔ ماہم۔لارنس، گالزوردی، فلائبیر، ہمینگوے، ہارڈی، جارج ایلیٹ، ہاتھورن، پرانٹے، سسٹرس وغیرہ اور ادھر برصغیر میں رسوا۔ پریم چند، عصمت چغتائی، عزیز احمد، ممتاز مفتی، ڈاکٹر احسن فاروقی علی عباس حسینی، قرۃ العین حیدر، عبداللہ حسین، شوکت صدیقی وغیرہ جدید فن کاروں سے ہٹ کر اپنی زبردست حیثیت رکھتے ہیں۔

اس ناول میں ایک خصوصیت فطری مکالمہ نگاری بھی ہے ہر کردار اپنے ماحول کے تناظر میں مکالمہ بولتا ہے۔یاد ہے کہ مکالمہ محض متاثر نہیں کرتا ۔بلکہ پڑھنے والے کے ذہن میں ایک موثر منظر روشن کر دیتا ہے۔یہ خاصیت خدا کی بستی میں ہر جگہ ملتی ہے۔اس کے ساتھ ساتھ ضروری جزئیات نگاری اور چھوٹے چھوٹے پیراگرافوں کے ذریعہ کہانی کو سرعت دینے کا عمل بھی قابلِ تعریف ہے۔یوں لگتا ہے جیسے چھوٹے کینویس پر طویل مناظر یکے بعد دیگرے چلے آرہے ہوں اسی لیے ان کے یہاں اس ناول میں سریع الحرکت پلاٹ کا تاثر اُبھرتا ہے۔جو کہ مصنف کی فنی ذہانت کی دلیل ہے۔اکثر ناولوں کی کہانی میں ٹھس پن۔واقعات کے منجمد ہو جانے اور نئی صورت احوال کے نہ جنم لینے سے پیدا ہو جاتا ہے۔خدا کی بستی، اس نقص سے پاک ہے البتہ اس میں ایک دو جنسی مناظر پر اعتراض کی گنجائش موجود ہے جو اگر نہ بھی دیئے جاتے تو کہانی میں فرق نہیں پڑتا۔لیکن مجموعی طور پر زبان و بیان، پلاٹ، تکنیک، مواد اور ماجرائیت کو دیکھتے ہوئے یہ ناول ہمارے ادب کے چند اہم ناولوں میں سے ایک ہے۔

OOO

ماہیا: روایت وفن کے آئینے میں

ڈاکٹر شیخ احرار احمد

''ماہیا'' پنجاب کی ایک قدیم اور مقبول صنف ہے، اس کے آغاز وارتقا پر کوئی روشنی نہیں پڑتی کیوں کہ پنجابی زبان میں اس کے نقوش لوک گیتوں میں پیوست ہیں، اس کی ابتدا اور موجد کے بارے میں تلاش وجستجو ممکن نہیں لہٰذا یہ کہا جا سکتا ہے کہ ماہیا پنجابی لوک گیت ہے، جسے شادی بیاہ اور خوشی کی تقریبات میں گایا جاتا تھا اور اب بھی یہ روایت وہاں برقرار ہے۔ پنجابی زبان میں 'ماہیا' کا لغوی معنی 'ساجن' 'معشوق' اور خاوند کے ہیں۔ 'ماہیا' تین مصرعوں کی ایک مختصر نظم ہوتی ہے۔ پہلا اور تیسرا مصرع ہم قافیہ ہوتا ہے۔ اس کی بحر اور ارکان مخصوص ہوتے ہیں، جس طرح رباعی میں چوبیس رعایتی آہنگ ہوتے ہیں اور ان میں سے چار آہنگ رباعی کے چاروں مصرعوں میں آسکتے ہیں، اسی طرح ماہیے کے بھی رعایتی آہنگ ہوتے ہیں۔ کندن لال کندنؔ نے اس کے پہلے اور دوسرے مصرعے کے سولہ رعایتی آہنگ نقل کیے ہیں جس کا بنیادی وزن بحر متدارک مسدس مخبون رمخبون مذال ہے۔ اس وزن پر زحاف تسکین کے عمل سے سولہ رعایتی آہنگ بنتے ہیں۔ یعنی فعلن۔ فعلن۔ فعلن رفعلان، ارکان میں سے 'ع' کو ساکن ومتحرک کر کے یہ آہنگ رونما ہوتے ہیں۔ ماہیے کے دوسرے مصرعے کا بنیادی آہنگ بحر متقارب مسدس اثرم مقبوض محذوف رمقصور ہے (بحر متقارب: فعولن) یعنی فعل۔ فعول۔ فعل رفعول، پر عمل تخنیق سے آٹھ رعایتی آہنگ بنتے ہیں جن میں سے کوئی بھی ایک آہنگ دوسرے مصرعے میں لایا جا سکتا ہے۔ اس طرح ماہیا میں ایک دائرے کی دو مختلف بحریں استعمال ہوتی ہیں۔ ماہیے کا اس طرح عروضی تجزیہ پہلے پہل کندن لال کندنؔ نے کیا ہے اور ماہیے کے لیے یہ عروضی پابندی ضروری بتایا۔ 1۔ اردو میں ماہیا کے اوزان طے کرنے والوں میں ایک اہم نام سعید شباب کا بھی لیا جاتا ہے۔ انھوں نے دو اوزان طے کیے ہیں:

(1) فعلن فعلن فعلن	(2) فعلن فعلن فعلن
فعلن فعلن فع	فعلن فعلن فعلن
فعلن فعلن فعلن	فعلن فعلن فعلن

مندرجہ بالا اوزان کی دوسری شکل اس طرح پیش کی ہے:

(1) مفعول مفاعیلن	(2) مفعول مفاعیلن
فعل مفاعیلن	مفعول مفاعیلن
مفعول مفاعیلن	مفعول مفاعیلن

(چندنئی شعری اصناف۔ ص 64۔ کوثر صدیقی۔ اشاعت: 2017)

حیدر قریشی ماہیے کے وزن اور اس کی خصوصیت پر قدرِ سہل انداز سے روشنی ڈالتے ہوئے کہتے ہیں:

''جو ماہیا سہولت کے ساتھ، اپنے فطری بہاؤ میں ماہیے کی پنجابی دھنوں پر گایا، گنگنایا جا سکتا ہے وہ ماہیا ہے۔ جو اس معیار پر پورا نہیں اترتا وہ کلاسیکل موسیقی کا شاہکار ہو سکتا ہے۔ اعلیٰ ادبی فن پارہ ہو سکتا ہے

لیکن ماہیا نہیں ہوسکتا۔''

(اردو ماہیے کے بانی ہمت رائے شرما۔ص 17۔حیدر قریشی۔معیار پبلی کیشنز، دہلی، سن اشاعت: ندارد)

حیدر قریشی اپنے ماہیے کا مجموعہ ''محبت کے پھول'' کو پنجابی ماہیے کے وزن کے مطابق اردو ماہیوں کا سب سے پہلا مجموعہ بتاتے ہیں۔ اس مجموعے کے پیش لفظ اور رسالہ ''کوہسار'' میں ماہیے کے تعلق سے چھڑی بحث سے پتا چلتا ہے کہ اردو میں ماہیے کے لیے ایک ہی دائرے کی دو بحروں کے وزن استعمال ہوتے رہے ہیں اور یہی دونوں وزن پنجابی ماہیے کے مطابق درست ہیں۔ وہ دونوں وزن ملاحظہ فرمائیں:

(1) فعلن فعلن فعلن ۔ کچھ رشتے ٹوٹ گئے　(2) مفعول مفاعیلن ۔ مل مہکی فضاؤں سے
فعلن فعلن فع ۔ برتن مٹی کے　فعلُ مفاعیلن ۔ یار نکل باہر
فعلن فعلن فعلن ۔ ہاتھوں سے چھوٹ گئے　مفعول مفاعیلن ۔ اندر کے خلاؤں سے

ان ماہیوں کے درمیانی مصرعے کو دیکھنے سے یہ صاف ظاہر ہوتا ہے کہ ان میں ایک ''سبب'' یعنی دو حرف کم ہیں۔ اور حیدر قریشی نے انھیں دونوں صورتوں کو درست قرار دیا ہے۔2

سہ ماہی رسالہ ''کوہسار'' دسمبر 1997ء کے شمارے میں بعنوان 'ماہیے۔ایک مباحثہ' کے تحت ماہیے کی ہیئت اور اس کے وزن پر بحث ہوئی تھی جس میں شارق جمال نے کہا تھا کہ ماہیے کا یہ وزن، فعلن فعلن فعلن، میں ماہیے کی کوئی انفرادیت نظر نہیں آتی انھوں نے مفعول مفاعیلن رفعل (فاع) مفاعیلن رمفعول مفاعیلن کو ماہیے کا آہنگ بتاتے ہوئے کہا کہ ''اسی ایک وزن کا فروغ اردو ادب میں ہونا چاہیے''۔ فرحت قادری نے ماہیے کے درمیانی مصرعے کو ساعت پر بوجھ گردانا ہے اور کہا کہ تینوں مصرعوں کو برابر کر کے ''اردو ماہیے'' کے نام سے فروغ دینا چاہیے۔ ان تینوں مصرعوں کے برابر ہونے سے ماہیا 'ثلاثی' نہیں بنے گا کیوں کہ ماہیے کے لیے بحر مخصوص ہوتی ہے جس طرح رباعی کے لیے، اور ثلاثی کی کوئی بحر مخصوص نہیں ہوتی۔ اس کے لیے انھوں نے رباعی اور قطعہ کی مثال دی ہے۔ مناظر عاشق ہرگانوی نے ان دونوں حضرات کے مشوروں کی تردید کی ہے اور رسالہ ''گلبن'' کے آنے والے 'ماہیا نمبر' کے مطالعے کا مشورہ دیا۔3

فرحت قادری کی رائے کی تردید میں مناظر عاشق ہرگانوی حق بہ جانب ہیں کیوں کہ 1980ء کے قریب اردو میں ماہیا نگاری کی طرف ہمارے کچھ شعرانے خاص توجہ کی اور پنجابی ماہیے کے وزن پر غور کیے بغیر لاعلمی میں تین یکساں مصرعوں میں ماہیا تخلیق کرنے لگے۔ 1990ء کے قریب سب سے پہلے حیدر قریشی نے ماہیے کے اصل وزن کی طرف توجہ دلائی جس پر تینوں یکساں مصرعے کہنے والے شعرانے ان کی اصلاح پر برہمی کا اظہار کیا۔ حیدر قریشی نے نہ صرف اصل وزن پر توجہ دلائی بلکہ ان کا بڑا کارنامہ یہ ہے کہ انھوں نے ماہیے کے تعلق سے ادبی رسائل میں وضاحتی خطوط اور مضامین چھپوائے اور پنجابی ماہیے کے وزن پر اردو میں اپنے تخلیق کردہ ماہیے پیش کرتے رہے۔ اس طرح چند برسوں میں اردو ماہیا نگار شعرا کی اکثریت، حیدر قریشی کے بیان کردہ وزن پر یعنی اصل پنجابی ماہیے کے وزن پر اردو میں ماہیا تخلیق کرنے لگی۔4

شارق جمال کا تعلق ناگپور سے ہے اور فرحت قادری کا بہار سے جب کہ کندن لال کندنؔ اور حیدر قریشی کا تعلق پنجاب سے ہے اور ماہیا پنجابی صنف ہے لہٰذا کندن لال کندنؔ اور حیدر قریشی کی رائے زیادہ معتبر ہے۔

ابتدا میں ماہیے کا موضوع بھی غزل کی طرح عشقیہ تھا اور شادی بیاہ کے موقع پر مختلف انسانی جذبات کا اظہار ہوتا تھا پھر بتدریج اس کے

موضوع میں وسعت آتی گئی اور غزل ہی کی طرح اس نے بھی زندگی کے تمام موضوع کو اپنے اندر جذب کرنا شروع کر دیا۔

اردو میں ماہیے کی ابتدا، 1936ء میں فلم ''خاموشی'' سے ہوتی ہے اور اس کے تخلیق کار ہمت رائے شرما ہیں۔ فلم بک لیٹ پر مئی 1936ء درج ہے۔ اس فلم کے مکالمہ نگار اور کہانی کار امتیاز علی تاج تھے۔ اس میں ہمت رائے شرما کے کل گیارہ ماہیے ہیں۔ جس کا انکشاف سب سے پہلے مناظر عاشق ہرگانوی نے کیا اور حیدر قریشی نے تحقیق کر کے دریافت کیا اور قطعیت کے ساتھ ہمت رائے شرما کو اردو ماہیے کا بانی 5 قرار دیتے ہوئے ان کے ان ماہیوں کو اردو ماہیے کا اولین نقش بتایا ہے 6۔ ان کے اس دعوے کی تردید ابھی تک نہیں ہو سکی ہے۔

فلم 'خاموشی' کے لیے ہمت رائے شرما نے ماہیے، صرف لکھے ہی نہیں بلکہ گائے بھی تھے۔ حیدر قریشی نے جن ماہیوں کو ایک سے چھ تک ترتیب وار ہونے کا قیاس کیا ہے وہ ہیں:

(1) سرمست فضائیں ہیں
پیتم پریم بھری
پھاگن کی ہوائیں ہیں

(2) اشکوں میں روانی ہے
آنسوں پی پی کر
مدہوش جوانی ہے

(3) کچھ کھو کر پاتے ہیں
یاد میں ساجن کی
یوں جی بہلاتے ہیں

(4) بھیگی ہوئی راتوں میں
ہم تم کھو جائیں
پھر پریم کی باتوں میں

(5) کیا اشک ہمارے ہیں
آنسو مت سمجھو
ٹوٹے ہوئے تارے ہیں

(6) دو نین چھلکتے ہیں
ساجن آجاؤ
ارمان مچلتے ہیں

باقی ماہیے حیدر قریشی کی کتاب میں درج ترتیب کے مطابق ہیں:

(1) اک بار تو مل ساجن
آکر دیکھ ذرا
ٹوٹا ہوا دل ساجن

(2) سہمی ہوئی آہوں نے
سب کچھ کہہ ڈالا
خاموش نگاہوں نے

(3) کچھ کھو کر پائیں ہم
دور کہیں جا کر
اک دنیا بسائیں ہم

(4) یہ طرز بیاں سمجھو
کیف میں ڈوبی ہوئی
آنکھوں کی زباں سمجھو

(5) تارے گنواتے ہو
بن کر چاند کبھی
جب سامنے آتے ہو

ہمت رائے شرما 23 نومبر 1919ء کو ضلع سیال کوٹ (پنجاب) کے قصبہ نارووال میں پیدا ہوئے۔ ان کے بڑے بھائی کیدار شرما اپنے زمانے کے ممتاز فلم ساز تھے۔ شاید انھیں کے توسط سے ہمت رائے شرما بھی فلمی دنیا سے وابستہ ہوئے اور صرف سترہ سال کی عمر میں فلم 'خاموشی' کے لیے نغمے لکھے۔ 1990ء میں ان پر فالج کا حملہ ہوا اور کئی سال تک وہ اس کے زیر اثر رہ کر دنیا سے کوچ کیے۔

حیدر قریشی کی تحقیق سے بہت پہلے حمید نسیم نے (بقول حیدر قریشی) 7 کہیں لکھا تھا کہ سب سے پہلے اردو میں ماہیا چراغ حسن حسرتؔ نے کہا ہے۔ حمید نسیم کے مطابق جب ڈاکٹر تاثیر جنوری 1936ء میں امرتسر کالج کے پرنسپل بن کر آئے تو انھوں نے ایک مشاعرہ کرایا تھا جس میں حسرتؔ نے پہلی بار اردو میں ماہیا پیش کیا تھا اور پھر 1937ء میں بنی فلم ''باغباں'' میں بھی ان کے ماہیے شامل ہیں۔ حیدر قریشی کی تحقیق سے

جو بات سامنے آئی ہے وہ یہ کہ ڈاکٹر تاثیر جنوری نہیں بلکہ 20 مئی 1936ء کو پرنسپل بن کر آئے تھے8، اس سے ظاہر ہوتا ہے کہ ہمت رائے شرما کے بعد ہی حسرت نے اردو میں ماہیا کہے ہوں گے۔ فلم ''باغباں'' میں حسرت کے لکھے ہوئے ماہیے کے نمونے ملاحظہ فرمائیں:

(1)	(2)	(3)
باغوں میں پڑے جھولے	ساون کا مہینہ ہے	اب اور نہ تڑپاؤ
تم بھول گئے ہم کو	تم سے جدا ہو کر	ہم کو بلا بھیجو
ہم تم کو نہیں بھولے	جینا کوئی جینا ہے	یا آپ چلے آؤ

حیدر قریشی نے آخری دو بند کو ماہیا کہا ہے اور پورے بند کو ملا کر گیت تسلیم کیا9۔ فلم 'خاموشی' کے تقریباً بیس سال بعد فلم ''پھاگن'' میں قمر جلال آبادی اور فلم ''نیا دور'' میں ساحر لدھیانوی نے اردو ماہیے لکھے جو بہت مشہور ہوئے اور اسی بنا پر لوگوں نے ان دونوں کے ماہیوں کو اردو کے اولین ماہیے سمجھ بیٹھے۔ وہ مشہور ماہیا یہ ہیں:

تم روٹھ کے مت جانا
مجھ سے کیا شکوہ
دیوانہ ہے دیوانہ

شاعر: قمر جلال آبادی۔ فلم: پھاگن۔ آواز: محمد رفیع اور آشا بھونسلے۔

دل لے کے دغا دیں گے
یار ہیں مطلب کے
یہ دیں گے تو کیا دیں گے

شاعر: ساحر لدھیانوی۔ فلم: نیا دور۔ آواز: محمد رفیع

قمر جلال آبادی اور ساحر لدھیانوی سے پہلے قتیل شفائی، فلم ''حسرت'' (پاکستان) میں ماہیا پیش کر چکے تھے۔ 1980ء کے بعد اردو میں ماہیا نگاری کی لہر چل نکلی جس میں چند شعرا کو چھوڑ کر زیادہ تر نے ماہیے کے فن کو جانے بغیر ماہیے کے نام پر ثلاثی پیش کرنے لگے اور 1990 کے بعد حیدر قریشی کے توجہ دلانے پر اس کے فن کی طرف متوجہ ہوئے اور اردو میں پنجابی ماہیوں کے وزن پر ماہیا لکھنے کا سلسلہ شروع ہوا۔

ماہیا تین مصرعوں اور مخصوص وزن کی مکمل نظم ہوتی ہے مگر اس کی ایک خوبی یہ بھی ہے کہ ایک ہی موضوع کے کئی پہلو پر لخت لخت کئی ماہیے کہہ کر اسے ایک ساتھ رکھا جائے تو اس میں تسلسل اور ربط بھی ملے گا۔ اردو ماہیوں میں بھی اس کی کئی مثالیں ملتی ہیں جیسے ہمت رائے شرما کے ماہیے ایک ساتھ ترتیب سے رکھے جائیں تو وہ سب ملا کر ایک نظم معلوم ہوں گے جب کہ وہ لخت لخت ہیں۔ اسی طرح حیدر قریشی نے بھی اپنے ماہیوں کے مجموعے میں ایک موضوع کے کئی پہلو پر ماہیے کہہ کر انھیں ایک عنوان کے تحت ترتیب دے دیا جس سے لگتا ہے کہ یہ سب ایک ہی نظم کی کڑیاں ہیں۔ نمونہ دیکھیں:10

(مرد)	(عورت)	(مرد)	(مرد۔عورت)
اس حال فقیری میں	زلفوں سے رہا ہو جا	کیا لطف رہائی کا	ملنا ہو تو ملتے ہیں

عمریں بیت گئیں
زلفوں کی اسیری میں

رب تیری خیر کرے
جا ہم سے جدا ہو جا

دل جب سہہ نہ سکے
دکھ تیری جدائی کا

پھول محبت کے
پت جھڑ میں بھی کھلتے ہیں

یہ ماہیے گو بظاہر مکالمے کی صورت میں ایک ہی نظم معلوم ہوتے ہیں لیکن یہ الگ الگ وقتوں میں تخلیق ہوئے ہیں اور لخت لخت ہیں۔ پنجابی ماہیوں میں اس طرح تسلسل سے ماہیا کہنے کی روایت ہے۔ خاص کر کے شادی بیاہ کے موقعوں پر یا محبوب سے چھیڑ چھاڑ، گلہ شکوہ اور سوال و جواب کی صورت میں کئی کئی ماہیے کی لڑیاں ایک دوسرے سے مربوط نظر آئیں گی۔

حیدر قریشی کے طے شدہ اوزان پر، اردو میں ماہیا کو فروغ دینے کے لیے نذیر فتح پوری نے اپنے رسالے ''اسباق'' کے ذریعے تحریک چلائی۔ کوثر صدیقی کے مطابق نذیر ''ہندوستان میں ماہیوں کے پہلے صاحبِ دیوان شاعر ہیں'' 11۔ نذیر فتح پوری کے ماہیوں کا پہلا مجموعہ ''ریگِ رواں'' 1997ء میں اور پھر دوسرا مجموعہ ''مٹھی بھر ماہیے'' 2001ء میں شائع ہوا۔ اردو میں ماہیا کو فروغ دینے کے لیے ہند و پاک کے کئی شعرا نے اہم کردار ادا کیا جس میں سے ایک نام ڈاکٹر وزیر آغا کا بھی ہے۔

OOO

حواشی:

1۔ ص 25۔149۔150۔151۔ رباعیات و ماہیے اور ماہیے کی ہیئت۔ کندن لال کندن۔ اشاعت: 2008ء

2۔ ص 9۔ پیش لفظ۔ 4۔ ص 10۔ 10۔ ص 33۔ 34۔ محبت کے پھول۔ حیدر قریشی۔ اشاعت: 1996ء۔ ناشر: نایاب پبلی کیشنز

3۔ ص 12۔ 13۔ سہ ماہی ''کوہسار جنرل'' دسمبر 1997ء۔ مدیر: مناظر عاشق ہرگانوی

5۔ ص 21۔ 6۔ ص 30۔ 7۔ ص 9۔ 8۔ ص 9۔ 9۔ ص 16۔ 17۔ اردو ماہیے کے بانی ہمت رائے شرما۔ حیدر قریشی۔ معیار پبلی کیشنز، دہلی،
سن اشاعت: ندارد

11۔ ص 65۔ چند نئی شعری اصناف۔ کوثر صدیقی۔ اشاعت: 2017

تصورِ وطن: اقبالؔ کی شاعری میں ردو قبول کے زاویے

ڈاکٹر حکیم رئیس فاطمہ

ان تازہ خداؤں میں بڑا سب سے وطن ہے
جو پیرہن اس کا ہے وہ مذہب کا کفن ہے

اقبالؔ کی شاعری میں جن نظریات کو اساسی اہمیت حاصل ہے ان میں سے ایک ان کا نظریۂ وطنیت یا تصورِ وطن بھی ہے۔ جس کے متعلق اقبالؔ کے فکری سفر میں وقت کے ساتھ ایک بدلاو بلکہ ارتقا نظر آتا ہے۔

۱۹۰۱ء سے ۱۹۰۵ء تک کی نظموں میں اقبال پر وطنیت اور قومیت کا جذبہ پوری قوت سے طاری تھا، اس زمانے میں قوم وملت سے پوری وابستگی و ہم آہنگی، مذہبی افکار و روایات سے کامل شیفتگی اور علمی کرداروں سے بے انتہا عقیدت و محبت کے باوجود قومی جذبات سے معمور اور بھرپور نظمیں لکھیں۔

اقبالؔ کے نزدیک مغرب کا وطنی تصور جب ایک نصب العینی صورت اختیار کرتا ہے تو اسلام کی بنیادی روح سے متصادم ہوتا ہے کیونکہ مذہب اسلام نوع انسانی کی وہ وحدت ہے جو نسل و رنگ و زبان سے اعلیٰ ہے۔ ابتدا میں علامہ اقبالؔ مغرب کے تصورِ وطنیت کے حامی تھے اور انھوں نے وطن کے تصور کو ''بانگ درا'' کی بعض نظموں میں ایک روحانی رنگ بھی دیا ہے لیکن بہت جلد اس تصور سے نکل آئے اور وطنیت کے مغربی تصور کی علی الاعلان مخالفت کی۔ چنانچہ وطن کو جغرافیہ کی محدود و پابندیوں سے آزاد کر کے ایک فکری و تصوری ضابطے کے طور پر ترتیب دیا۔ ان کی رائے میں۔

پاک ہے گردِ وطن سے سرداماں تیرا　　تو وہ یوسف ہے کہ ہر مصر ہے کنعاں تیرا

ان کی حب الوطنی کے لیے دلیل و برہان کی ضرورت نہیں اپنے پہلے شعری مجموعہ ''بانگ درا'' کی پہلی نظم ''ہمالہ'' سے خطاب کرتے ہوئے شروع کرتے ہیں۔

اے ہمالہ! اے فصیلِ کشورِ ہندوستاں　　چومتا ہے تیری پیشانی کو جھک کر آسماں

اقبالؔ کے کلام و پیام کے انہی معروف نکات کے درمیان حبِ وطن کا یہ چھبتا ہوا سوال بھی ہے۔

اجاڑا ہے تمیزِ ملّت و آئیں نے قوموں کو
مرے اہلِ وطن کے دل میں کچھ فکرِ وطن بھی ہے؟

''ترانۂ ہندی''، ''ہندوستانی بچوں کا قومی گیت''، اور ''نیا شوالہ'' جیسی حبِ وطن کی دستاویزیں اسی دور میں مرتب ہوئیں، مگر ان نظموں کی ملت پروری اور آفاقی انسان دوستی کی تخلیقات سے، مختلف ادوار کے ارتقائی مراحل کے مفروضے سے الگ کر کے دیکھنا مناسب نہیں۔ اس تمیز و تقسیم سے نہ صرف یہ

کہ مذکورہ نظموں کا مفہوم مجروح ہوتا ہے بلکہ یہ تفریق حب وطن کے ان وسیع تر اور عمیق تر نغمات کو بھی مشتبہ بنا دیتی ہے۔ جو اقبآل کے قلم سے بعد کے ادوار میں اور ان کے آخری سانس تک ٹپکتے رہے بہر حال ترانہ ہندی میں

ع سارے جہاں سے اچھا ہندوستاں ہمارا

''نیا شوالہ'' کا حسب ذیل شعر برہمن کو خطاب کر کے کہا گیا ہے۔

پتھر کی مورتوں میں سمجھا ہے تو خدا ہے
خاکِ وطن کا مجھ کو ہر ذرّہ دیوتا ہے

اقبآل اپنے ملک کی مایوس کن حالات پر اس طرح بین کرتے ہیں۔

رلاتا ہے ترا نظارہ اے ہندوستاں مجھ کو
کہ عبرت خیز ہے تیرا فسانہ سب فسانوں میں

قوم و وطن کے سلسلے میں اقبآل کے یہ احساسات و خیالات ان کی ایک مشہور نظم ''نیا شوالہ'' میں ملاحظہ ہو:

سچ کہہ دوں اے برہمن! گر تُو برا نہ مانے
تیرے صنم کدوں کے بت ہوگئے پرانے
اپنوں سے بیر رکھنا تو نے بتوں سے سیکھا
جنگ و جدل سکھایا واعظ کو بھی خدا نے
آ، غیریت کے پردے اک بار پھر اٹھا دیں
بچھڑوں کو پھر ملادیں' نقشِ دوئی مٹادیں

قوم اور وطن کے سلسلے میں اقبآل کے مندرجہ بالا احساسات اور خیالات تقریباً ۱۹۰۵ء سے ۱۹۰۸ء تک رہے ہیں۔ اس کے بعد یہ نظریہ پیش کرتے ہیں کہ ملک کی بنیاد پر قوم کا تصور باطل ہے اور قوم صرف مذہب ہی سے قائم ہوتی ہے۔

قوم مذہب سے ہے، مذہب جو نہیں تم، بھی نہیں
جذبِ باہم جو نہیں، محفلِ انجم بھی نہیں

اقبآل کا محور ماسوائے مذہب اسلام کے اور کچھ نہ تھا۔ اس سلسلے میں اقبآل کی شاعری سے مندرجہ ذیل مصرعے اور اشعار پیش کیے جاتے ہیں۔

ع اسلام ترا دیس ہے تو مصطفویؐ ہے

ع آہ! یثرب! دیس ہے مسلم کا تو ماویٰ ہے تو

چین و عرب ہمارا، ہندوستاں ہمارا
مسلم ہیں ہم وطن ہے سارا جہاں ہمارا

اس دور میں مے اور ہے، جام اور ہے جم اور
ساقی نے بنا کی روشِ لطف و ستم اور
مسلم نے بھی تعمیر کیا اپنا حرم اور
تہذیب کے آزر نے ترشوائے صنم اور

ان اشعار میں اور بعض مصرعوں سے بظاہر معلوم ہوتا ہے کہ شاید اقبالؔ وطن کا کوئی وسیع تصور یا انسانی زندگی کا بین الاقوامی نظریہ پیش کرنا چاہتے ہیں۔اس کا اصل مدعا اسلامی اتحاد ہے۔ایک ملک کی سالمیت پر مبنی وطن کے جدید سیاسی تصور کو اقبالؔ نئی تہذیب کا تراشا ہوا ایک بت قرار دیتے ہیں اور کہتے ہیں کہ وطن کا یہ جدید سیاسی تصور نبی (حضرت محمدؐ) کے دین یعنی اسلام کو غارت کرتا ہے۔اس لیے مسلمان کو خطاب کرتے ہوئے کہتے ہیں کہ اسلام کو ہی تو اپنا وطن جان ؎

یہ بت کہ تراشیدۂ تہذیب نوی ہے
غارت گر کا شانۂ دین نبویؐ ہے
بازو ترا توحید کی قوت سے قوی ہے
اسلام ترا دیس ہے تو مصطفویؐ ہے

نظارۂ دیرینہ زمانے کو دکھا دے
اے مصطفویؐ خاک میں اس بت کو ملادے

ہے ترکِ وطن سنت محبوب الٰہی
دے تو بھی نبوت کی صداقت پہ گواہی

گفتارِ سیاست میں وطن اور ہی کچھ ہے
ارشادِ نبوت میں وطن اور ہی کچھ ہے

اقوامِ جہاں میں ہے رقابت تو اسی سے

تسخیر ہے مقصودِ تجارت تو اسی سے
اقوام میں مخلوقِ خدا بٹتی ہے اس سے
قومیتِ اسلام کی جڑ کٹتی ہے اس سے

اقبال نے اسلامیوں کے الگ سے اسلامی اتحاد کی خاطر ایسا کہا کہ ۔

ہو قیدِ مقامی تو نتیجہ ہے تباہی
رہ بحر میں آزادِ وطن صورتِ ماہی

اس کا مدعا یہ ہے کہ مسلمان وطنیت کے مقابلے میں اسلامیت اور اسلامی اتحاد کا زیادہ خیال رکھیں چاہے وہ کسی بھی ملک میں رہتے ہوں۔اقبال کا یہ نظریہ انہیں وطن اور اس کے ضروری لوازم سے اکھاڑتا اور ذہنی لحاظ سے دور رکھتا ہے۔اقبال مذہب اسلام کی طرف ہمیشہ رجوع کرنے اور اول طور پر اس سے وابستہ رہنے کی تعلیم مسلمان کو بھی وطنی اتحاد سے دور اور اسلامی اتحاد کے نزدیک رکھنے کی تعلیم ہے۔

اقبال نے اسلام یعنی انسانیت کے ہمہ گیر اور آفاقی تصور اور وطن کے تصور میں جو حد فاضل قائم کی ہے اس کی کم از کم الفاظ میں اس طرح تشریح کی جاسکتی ہے کہ وہ آفاقیت کو مقدم اور وطنیت کو موخر جذبات انسانی تصور کرتے ہیں۔اگر انسان کا موخر جذبہ اس کے مقدم جذبہ کی راہ میں حائل نہ ہو تو اقبال کے نزدیک یہ ایک صالح انسانی جذبہ ہے لیکن اگر یہ موخر جذبہ انسانیت کے مقدم جذبے کی راہ میں حائل ہو جائے تو پھر اقبال اسے ایک لعنت قرار دیتے ہیں۔

وطن سے الفت کے ساتھ ساتھ انھوں نے اپنی روایت سے بھی قلبی لگاؤ کا اظہار کیا۔اسلام سے محبت،اسلامی نظریۂ حیات سے گہری عقیدت اور اسلامی اقدار کی پاسبانی پر توجہ نے انہیں بلادِ اسلامیہ سے محبت کی ترغیب دی۔اس نظریۂ وطنیت کو ہم ''اسلامیمد نیت'' کے نام سےتعبیر کرسکتے ہیں۔اس عظیم تصور نے ہی اقبال سے 'ترانہ ملی' کہلوایا۔

چین و عرب ہمارا، ہندوستاں ہمارا
مسلم ہیں ہم، وطن ہے سارا جہاں ہمارا

ایسے اشعار کی بنا پر بعض ناقدین یہ اعتراض کرتے ہیں کہ اسلام ہی اقبال کی شاعری کا محور بن گیا تھا۔نیز یہ کہ ان کے جذبۂ وطن پرستی پر ان کی اسلام دوستی غالب آ گئی تھی لیکن وہ اس اہم نکتے کو نہ جانے کیوں فراموش کر جاتے ہیں کہ اسلام کے عقیدہ و اعمال کی پاسداری میں اقبال کے یہاں کہیں بھی حبِ وطن سے بے نیازی ظاہر نہیں ہوتی۔

ہے اگر قومیتِ اسلام پابند مقام
ہند ہی بنیاد ہے اس کی نہ فارس ہے نہ شام

اقبال کی شاعری میں ہمیں بین الاقوامی وطنیت کے پہلو بھی نمایاں نظر آتے ہیں۔مندرجہ ذیل اشعار اقبال کی شاعری کے اسی پہلو کو اجاگر کرتے ہیں۔

کریں گے اہلِ نظر تازہ بستیاں آباد
مری نگاہ نہیں سوئے کوفہ و بغداد!

درویشِ خدا مست نہ شرقی ہے، نہ غربی!
گھر میرا نہ دلّی، نہ صفاہاں، نہ سمرقند!

تو ابھی رہ گزر میں ہے، قیدِ مقام سے گزر
مصر و حجاز سے گزر، پارس و شام سے گزر

یہ ہندی، وہ خراسانی، یہ افغانی، وہ تورانی
تو اے شرمندۂ ساحل اچھل کر بیکراں ہوجا

اقبالؔ کے متعلق اکثریت کا کہنا ہے کہ وہ وطنیت کے قائل نہیں تھے۔ یہ ضرور ہے کہ اقبال نے اپنی شاعری کے آخری دور میں اسلام کے بنیادی تصورات سے زیادہ کام لیا مگر پھر بھی پہلے کی طرح اس دور میں ان کا جذبۂ حب الوطنی اسی طرح جوش میں آتا رہا۔ چنانچہ ''ضربِ کلیم'' کی نظم ''گلہ'' میں آزادی کی تڑپ فلسفیانہ استدلال اختیار کرلیتی ہے کہتے ہیں ؎

معلوم کسے ہند کی تقدیر کہ اب تک بیچارہ کسی تاج کا تابندہ نگیں ہے

وطن سے باہر جا کر اقبالؔ کو یہ احساس ہوا کہ قوم پرستی مسلمانوں کے مرض کا مداوا نہیں۔ کیونکہ مغرب کی جن قوموں نے اس اصول زندگی کو اختیار کیا ہے، وہ انتہا درجے کی خودغرض ہوگئی ہیں۔ ملک گیری اور استحصال کی حرص نے ان کو بلند اخلاق انسانی سے محروم کردیا ہے۔ اگر قوم پرستی اسی غرض پرستی اور لوٹ کھسوٹ کا نام ہے تو یہ کسی آبرومند قوم کا نصب العین نہیں ہوسکتی۔ علاوہ بریں جب اقبالؔ نے دنیائے اسلام کے جمود، مسلمانوں کی بے عملی اور تعلیمات اسلامی کی کسمپرسی کو دیکھا، تو انھوں نے اپنے ابتدائی خیالات سے رجوع کرکے اپنا مسلک یہ قرار دیا کہ ملت اسلامی کو بیدار کیا جائے اس کو اقدار و اخلاق اسلامی سے ازسرنو آشنا بنایا جائے۔ اور اس بھٹکے ہوئے آہو کو پھر حرم کا رستہ دکھایا جائے۔ ان کو صاف نظر آ گیا کہ مغربی تہذیب و ترقی کی بنیاد اخلاق عالیہ کی چٹان پر نہیں، بلکہ زرپرستی کی ریت پر ہے اس لیے یہ عمارت مستقبل قریب میں پیوند خاک ہونے والی ہے۔ چنانچہ ''زمانہ آیا ہے بے حجابی کا، عام دیدارِ یار ہوگا'' والی غزل میں انھوں نے واشگاف طور پر اپنے خیالات کو ظاہر بھی کردیا۔

علامہ اقبالؔ حب الوطن اور وطن پروری کے تو نہایت پرجوش اور سرگرم حامی تھے لیکن وطنیت کے جس تصور نے دنیا کی اقوام وملل کو مادی مفادات و مادہ پرستی کی کشمکش اور رقابت میں قید کرکے ایک دوسرے کے خون کا پیاسا بنا رکھا ہے، وہ تصور حیات انسانی کی اساسوں کو

کھوکھلا کر رہا ہے ان کے نزدیک انتہا مکروہ و مبغوض نصب العین قرار پایا۔ یورپ کی قومیں علامہ اقبالؔ کیخیال میں تباہی و بربادی کے دہانے پر گامزن ہیں، اس لیے کہ ان میں وطنیت نے انتہائی عصبیت کی شکل اختیار کر لی ہے اور وہ سب بنی نوع انسان کو قتل کرنے ،لوٹنے اور تباہ و تاراج کرنے میں ایک دوسرے سے بازی لے جانے کی کوش کر رہی ہیں۔ اس کے ساتھ ہی اقبالؔ نے اتحادِ عالمِ اسلامی کے نصب العین پر مسلمانوں کو جمع کرنے کے لیے اپنی زندگی وقف کر دی۔ ''اسرار خودی'' اور ''رموز بیخودی'' میں بار بار اس بات پر زور دیا کہ چین سے لے کر مراکش تک سب مسلمان بھائی بھائی ہیں لہٰذا ان کو وطنیت پرستی کی لعنت سے محترز رہ کر پوری طرح متحد رہنا چاہیے۔

یورپ سے واپسی پر انھوں نے ''ترانۂ ملّی'' لکھی جس میں ان کے وطن کے آفاقی تصور کی جھلک دیکھی جا سکتی ہے۔ اسی زمانے میں انھوں نے ایک نظم ''وطنیّت (یعنی وطن بحیثیت ایک سیاسی تصور کے)'' لکھی جس میں جارحانہ وطن پرستی کی مخالفت کی۔

وطن کے تصور کو اگر مادی حدود سے پار کر لیا جائے تو خودی کی جارحانہ تحریکات کا بدرقہ ہو جائے گا اور وطن کا تصور تعمیری، تخلیقی اور ارتقائی تحریکات کا سرچشمہ بن جائے گا۔ یہی نظریہ اقبالؔ نے اپنی اس مختصر مگر جامع نظم ''وطنیّت'' میں پیش کیا ہے۔

اقبالؔ نے جغرافیائی وطنیت پر اعتراض کیا۔ پروفیسر حکم چند نیر نے قومی وطنی شاعری کے تناظر میں اقبالؔ کی عظمت کا اعتراف کرتے ہوئے فرماتے ہیں:

''علامہ اقبالؔ کا بیش تر اور بہترین کلام ملک و قوم کی محبت کے جذبات سے لبریز ہے۔ ہمالہ، صدائے درد، قومی ترانہ، ایک آرزو، آفتاب، کنار راوی، نیا شوالہ، شعاع امید، ذوق و شوق اور خضر راہ وغیرہ اردو ادب میں اپنی مثال آپ ہیں۔ یہ نظمیں ہندوستانی زندگی اور ماحول کی روح کو اپنی گرفت میں لیے ہوئے ہیں۔'' (ڈاکٹر منظر اعجاز۔ اقبال عصری تناظر۔ مکتبہ انعکاس، بہار ۲۰۰۰ء ص ۲۴۱)

اپنی دورِ دوم کی شاعری میں اگر انھوں نے ''نظریۂ وطنیت'' پر سخت تنقید کی ہے تو اس کا یہ مطلب ہرگز نہیں ہے کہ وہ وطن سے محبت کرنے کے خلاف ہیں، بلکہ اس وطنیت کے پردے میں مغربی سامراج اور سرمایہ داری کے عزائم کو بھانپ کر اور دوسری جنگِ عظیم کے بعد مشرق میں سامراج طاقتوں کے پرفریب منصوبوں کو سمجھ کر انھوں نے اس نظریے سے اختلاف کیا اور اہل وطن کو خبردار کیا۔ اور یہ وہی اقبالؔ ہے جو کہتا ہے ؎

وطن کی فکر کر ناداں مصیبت آنے والی ہے
تری بربادیوں کے مشورے ہیں آسمانوں میں

ان ابتدائی نظموں سے پانچ یعنی ''ہمالہ''، ''تصویرِ درد''، ''ترانۂ ہندی''، ''ہندوستانی بچوں کا قومی گیت'' اور ''نیا شوالہ'' علی الاعلان وطن اور قوم سے تعلق رکھتی ہیں۔ ''ہمالہ'' کوہِ ہمالیہ کی عظمت و قدامت کی شان میں ایک قصیدہ ہے۔ ''تصویرِ درد'' ہندوستانیوں اور بالخصوص ہندوستانی مسلمانوں کی فکری و عملی پسماندگی کا نوحہ ہے۔ ''ترانۂ ہندی'' اور ''ہندوستانی بچوں کا قومی گیت'' ہندوستان کی تاریخی عظمت کے حضور عقیدت کے نذرانے ہیں اور ''نیا شوالہ'' میں حب الوطنی کا تصور اپنی پوری طاقت کے ساتھ جلوہ گر ہے۔ اقبالؔ کس نزاکت اور دردمندی سے ان تاروں کو چھیڑتے ہیں جو خوابیدہ روحوں پر مضراب کا کام دے سکیں۔

اقبالؔ نے مغرب کے اس عقیدۂ وطنیت و قومیت یا نئے سیاسی تصور کے خلاف آواز بلند کی ان کے خیال میں، وطنیت کا تصور صرف اس حد تک قابلِ قبول ہو سکتا ہے کہ افغانی، ایرانی، تورانی، المانوی، فرانسیسی، روسی، مصری اور عراقی وغیرہ ہونے کی حیثیت میں، ہر فرد کو اپنے

وطن سے محبت ہونی چاہیے اور ضرورت پڑنے پر اس کے لیے قربانیوں سے دریغ نہ کرنا چاہیے، لیکن وطنیت یا قومیت کے جوش میں امن پسند اور صلح جو قوموں کی طرف جارحانہ اقدام یا ایک قوم کو دوسری قوم پر حملے کی ترغیب، کسی طرح بھی دنیا کو فلاح کا راستہ نہیں دکھا سکتی۔

اقبالؔ نے سیاسیات کا رشتہ، وطن سے توڑ کر روحانی قدروں یعنی مذہب سے جوڑنے کی کوشش کی۔ اس کا بڑا ثبوت بقول عزیز احمد یہ ہے کہ:

> ''آخر دم تک ان کے کلام میں ایسی نظمیں ملتی ہیں جن میں ہندوستان سے بحیثیت غیر سیاسی وطن کے بڑی ہی والہانہ محبت کا پتہ چلتا ہے، دوسرے یہ کہ ابنائے وطن میں سے دوسرے فرقوں میں جو لوگ اقبالؔ کی نظروں میں قابل تعظیم تھے۔ اقبالؔ نے اپنی شاعری کے ہر دور میں ان سے کسی نہ کسی کے متعلق نظمیں لکھی ہیں۔'' (عزیز احمد۔ اقبالؔ: نئی تشکیل۔ ۱۹۸۰ء دہلی۔ ص: ۲۵۔۲۴)

مختصر یہ کہ دورِ اول یعنی ۱۹۰۵ء تک کی شاعری کے بعد، کچھ تو اس سبب سے کہ انھوں نے مغربی قومیت کے نتائج کے تین سالہ قیام میں اپنی آنکھوں سے دیکھ لیے تھے، دوسرے اس سبب سے کہ ۱۹۰۶ء اور ۱۹۰۹ء کے درمیان، برصغیر کے مسلمانوں میں اپنی ثقافتی اور معاشی حقوق کے تحفظ کا ایک نیا احساس ابھر کر سامنے آیا اور برطانوی حکومت نے جداگانہ انتخاب کے اصول کو تسلیم کرلیا، اقبالؔ نے وطن پرستی پر مبنی مغربی قومیت سے ذہن کو آزاد کرکے، روحانی اقدار پر مبنی اسلامیت کو اپنے فکر وفن کا موضوع بنایا اور اس کی تبلیغ واشاعت کو اپنے پیغام کا جزو قرار دیا۔

نظم ''صقلیہ'' کے چند شعر دیکھیے کہ جن سے اقبالؔ کے جذبات قلب کا کچھ اندازہ ہو سکے گا۔

نالہ کش شیراز کا بلبل ہوا بغداد پر		داغ رویا خون کے آنسو جہان آباد پر
آسماں نے دولتِ غرناطہ جب برباد کی		ابن بدروں کے دلِ ناشاد نے فریاد کی

غم نصیب اقبال کو بخشا گیا ماتم ترا
چن لیا تقدیر نے وہ دل کہ تھا محرم ترا
میں ترا تحفہ سوئے ہندوستاں لے جاؤں گا
خود یہاں روتا ہوں، اوروں کو وہاں رلواؤں گا

اس کے بعد اقبالؔ کے دورِ سوم کی شاعری کا آغاز ہوتا ہے۔ اور اس کی ابتدا ایک ایسی نظم سے ہوتی ہے جس کا عنوان ''بلادِ اسلامیہ'' ہے اور جس میں اقبالؔ نے متعدد اسلامی مراکز کی یاد کو اپنی بے چین روح کی آسودگی کا وسیلہ بنایا ہے۔ دلّی، بغداد، حجاز، قرطبہ، قسطنطنیہ اور مدینہ سب کی عظمتوں کا پُرسوز تذکرہ ہے۔

رجائی نقطۂ نظر، پیغامِ اقبالؔ کا سب سے قوی عنصر بن کر ان کی شاعری کی معرفت، ساری دنیا کے اسلام کو مردانہ وار زیست کرنے کا حوصلہ دے گیا ہے۔

کیوں گرفتارِ طلسمِ ہیچ مقداری ہے تو
دیکھ تو پوشیدہ تجھ میں شوکت طوفاں بھی ہے

کوئی اندازہ کرسکتا ہے اس کے زور بازو کا؟
نگاہِ مردِ مومن سے بدل جاتی ہیں تقدیریں

نہ ہو نومید، نومیدی زوالِ علم و عرفاں ہے
امید مردِ مومن ہے خدا کے راز دانوں میں

کب ڈرا سکتا ہے غم کا عارضی منظر مجھے
ہے بھروسا اپنی ملّت کے مقدر پر مجھے

اس طرز کے اور نہ جانے کتنے اشعار، کتنے بند اور کتنی نظمیں ہیں جن کے ذریعے پوری ملتِ اسلامیہ کو مسلمانوں کے روشن مستقبل کا یقین دلایا گیا ہے۔لیکن ساتھ ساتھ یہ بات بھی واضح کردی گئی ہے کہ مغرب کے لائے ہوئے لادینی نظام اور انسانیت کشی کا تصور قومیت سے نجات حاصل کرے اور آئین اسلامی کو اپنانے کے بعد ہی ایسا ممکن ہو سکے گا۔ چنانچہ دنیائے اسلام یا اقوامِ مشرق سے اقبالؔ کے تخاطب کی کئی سطحیں ہوگئی ہیں، ایک سطح پر انھوں نے مختلف اسلامی ممالک کی تمدنی آثار و اقدار کو سراہا ہے، دوسری سطح پر ان کے سیاسی و تمدنی مسائل پر مبصرانہ نگاہ ڈالی ہے، تیسری سطح پر اتحاد اسلامی کا عام پیغام دیا ہے، گویا ممالک اسلامیہ سے متعلق ان کی نظمیں تین خانوں میں بٹی ہوئی ہیں۔

اقبالؔ نے بار بار، ممالک اسلامیہ کو مغرب کی تقلید سے نجات حاصل کرنے کی تلقین کی ہے ۔

نظر آتے نہیں بے پردہ حقائق ان کو — آنکھ جن کی ہوئی محکومی و تقلید سے کور
زندہ کرسکتی ہے ایران و عرب کو کیونکر — یہ فرنگی مدنیّت کو جو ہے خود لبِ گور
تقلید سے ناکارہ نہ کر اپنی خودی کو — کر اس کی حفاظت کہ یہ گوہر ہے یگانہ

ممالک اسلامیہ سے اجتماعی خطاب کی واضح اور مفصل شکل اقبالؔ کی مشہور مثنوی ''پس چہ باید کرد اے اقوام شرق'' میں بھی ملتی ہے۔ اس میں انھوں نے مسلمانوں کو مغربی تمدن کے خطرات، اور اس کی پیروی کے نقصانات سے بھی آگاہ کیا ہے ساتھ ہی انہیں شاندار ماضی کی داستان سنا کر ان میں ایک طرح کا جوش ولولہ بھی پیدا کیا ہے۔ لیکن چونکہ اقبال کو ملت اسلامیہ اور اقوامِ مشرق کے مسائل سے طبعاً گہری دل چسپی تھی اس لیے انھوں نے صرف اس عمومی یا اجتماعی خطاب کو کافی نہیں سمجھا بلکہ انھوں نے تقریباً ہر اسلامی ملک اور ملت سے انفرادی خطاب کو بھی ضروری جانا

ہے، اور اس کے احوال و آثار کے خاص پس منظر میں خاص انداز سے اس کے کوائف کا جائزہ لیا ہے، ماضی کی عظمت کا احساس دلایا ہے، روشن مستقبل کی بشارت دی ہے اور تقلید و بے عملی کی زندگی پر اظہارِ تاسف کیا ہے، اس سلسلے کی اردو نظموں میں بلادِ اسلامیہ، شفاخانہ حجاز، حضور رسالت مآب ؐ میں، فاطمہؓ بنتِ عبداللہ، محاصرۂ ادرنہ، غلام قادر رہیلہ، شبلی و حالی، صدیقؓ، بلالؓ، جنگِ یرموک کا ایک واقعہ، مدنیت اسلام، مکہ اور جنیوا، امرائے عرب سے، سلطان ٹیپو کی وصیت، پیرس کی مسجد، مسجد قوت الاسلام، ابی سینیا، جمعیت اقوام مشرق، شام و فلسطین، فلسطینی عرب سے، محراب گل افغان کے افکار، یوروپ اور سوریا، طارق کی دعا، مسجد قرطبہ، ساقی نامہ، دعا، عبدالرحمٰن اول کا بویا ہوا کھجور کا درخت، ہسپانیہ، نادر شاہ افغان، خوشحال خاں کی وصیت، تاتاری کا خواب، ابوالعلامعرّی، ابلیس کی مجلس شوریٰ وغیرہ کے نام آتے ہیں۔ قطعات و غزلیات میں بھی جا بجا ممالک اسلامیہ کے مسائل کی طرف اشارے ملتے ہیں۔ فارسی میں 'اسرار و رموز' اور 'جاوید نامہ' کے کئی اجزا ایسے ہیں جن کا تعلق براہِ راست اقوام مشرق سے ہے۔ ''مسافر'' اور ''پس چہ باید کرد اے اقوامِ شرق'' ایسی مثنویاں ہیں جن میں شروع سے آخر تک ممالک اسلامیہ ہی کے مباحث بیان ہوئے ہیں۔

اقبالؔ کی مشہور نظم جو ''طلوعِ اسلام'' کے نام سے بانگِ درا میں شامل ہے اس میں انگریزوں کے مقابلے میں مسلمانوں کی فتح و کامرانی کا جشن منظوم ہے جس کا آغاز ان اشعار سے ہوتا ہے۔

دلیلِ صبح روشن ہے ستاروں کی تنک تابی
افق سے آفتاب ابھرا، گیا دورِ گراں خوابی
عروقِ مردۂ مشرق میں خونِ زندگی دوڑا
سمجھ سکتے نہیں اس راز کو سیناؔ و فارابیؔ

'اسرارِ خودی' سے لے کر 'جاوید نامہ' تک اس جادۂ خاص سے سرِ مُو کوئی انحراف نظر نہیں آتا۔ صاف پتہ چلتا ہے کہ ان کے فکر و فن کا نقطۂ آغاز بھی آنحضرت کی محبت ہے۔ اور ارتقا و انجام کی منزلیں بھی اسی پر ختم ہوتی ہیں۔

قوم را سرمایۂ قوّت ازو
حفظِ سرّ وحدتِ ملّت ازو

اقبالؔ نے اسلام کے آفاقی تصورِ وطن کے نظریہ کو مغرب کے پیش کردہ نظریۂ وطنیت کے رد کے طور پر پیش کیا ہے لیکن اس کے باوجود ہندوستان سے متعلق ان کا نظریہ آخری سانس تک بھی تھا: ع

ہندی ہیں ہم، وطن ہے ہندوستاں ہمارا

ooo

محبوب راہی ۔ اک ہمہ جہت قلم کار

ڈاکٹر رئیس رونق عبد الرحمٰن

شہرت بھی بڑی عجیب شے ہے، جس کے پیچھے پڑ جاتی ہے اسے دنیا جہان میں رہوارِ تند و تیز کی طرح اپنی پیٹھ پر بٹھائے دندناتی پھرتی ہے۔اس کی نظرِ انتخاب بھی اس شخص پر پڑتی ہے جو اس کے لائق و فائق ہو۔اس کا یہ مطلب ہرگز نہیں کہ جن ناموں کو شہرت نہ ملی ہوں ان کے کارنامے قابل ستائش نہ تھے۔دراصل شہرت کے ساتھ قسمت بھی اپنی چال چلتی ہے۔کچھ خوش نصیبوں کے حصے میں یہ ضرورت سے زیادہ آجاتی ہے کچھ ایسے بھی ہیں جو محروم ہو جاتے ہیں۔

ہاں! تو بات چل رہی تھی اس سمند شہرت کی جس نے اپنی سواری کے لیے اس شخص کو چنا جنھیں دنیا ڈاکٹر محبوب راہی کے نام سے جانتی ہے۔یہ کہنا بے جا نہ ہوگا کہ مہاراشٹرا کے ادبی منظرنامے پر ڈاکٹر محبوب راہی کسی تعارف کے محتاج نہیں ہیں۔کوئی اخبار معیاری نیم معیاری، کوئی جریدہ ایسا نہیں جس میں محبوب راہی نہ چھپے ہوں۔اندرون ملک رسالے ہوں یا بیرون ملک کے جریدے، ان سب میں محبوب راہی کا نام ضرور درج رہا ہے۔دراصل وہ کثیر التحریر تخلیق کار کے زمرے میں آتے ہیں۔انھیں نثر و نظم دونوں پر دسترس حاصل ہے۔علاوہ ازیں تعلیمی اور تدریسی میدان میں بھی ان کی خدمات قابل تحسین رہی ہیں۔

وہ بنیادی طور پر شاعر ہیں اور ایک بلند پایہ نثر نگار، غزل ان کی پسندیدہ صنف سخن ہے لیکن انھوں نے کئی خوب صورت نظمیں بھی تحریر کی ہیں۔اس کے علاوہ ان کی کئی نثری تخلیقات بھی طبع ہو کر داد پا چکی ہیں۔۲۰؍جون ۱۹۳۹ کو بائر گاؤں ضلع بلڈانہ میں ان کی دلادت ہوئی۔ پرائمری اسکول سے لے کر ڈگری کالج (بارسی ٹاکلی) کے پرنسپل تک کے سفر میں ان کی انتھک محنت اور مسلسل کاوشات کا ہاتھ رہا ہے۔طبیعت کی افتاد نے انھیں کبھی چین سے بیٹھنے نہ دیا۔یہی وجہ ہے کہ انھوں نے نظم و نثر دونوں اصناف میں اپنی خوش اسلوبی کا لوہا منوایا ہے

درحقیقت محبوب راہی کا دور کربنا کیوں اور مختلف ہیجانات کا دور رہا ہے۔یہ وہ زمانہ تھا جب ہر کس و ناکس ذہنی فکری، اقتصادی اور معاشرتی نابرابری کے دیو کے شکنجے میں مقید تھے۔ہر جانب ادبی گروہ بندی، اخلاقی و روحانی اقدار ان سماج میں عام تھا۔ایسے میں صالح اور مثبت قدروں کی جانب کسی شاعر کی قدم رنجہ فرمائی اس کی ذہنی و فکری جہاد کی دلیل ہے جو اس کے عہد کے ساتھ بغاوت بھی ہے اور اس عہد میں جینے والے بے عمل انسانوں کے اعمال پر طنز تازیانہ بھی جو کہ انسان کو مضمحل کرتا اور فن کار کو جھنجھوڑنے کی طاقت رکھتا ہے۔بقول راہی:

''تاریخ ادب کے کئی صفحات آلودہ ہیں ادبی گروہ بندی سے، یہ سیاسی گروہ بندی سے زیادہ خطرناک دوراز کار اور دیرپا اثرات کی حامل ہوتی ہے کہ یہاں سیاست کی طرح پھوہڑ پن کا مظاہرہ نہیں ہوتا۔شرافت میں ڈھکی کمینگی میں خوش سلیقگی، باضابطگی اور نظم ہوتا ہے''۔
(ڈاکٹر امین انعامدار: ڈاکٹر محبوب راہی سے گفتگو،ص ۱۴۶)

ہر ذہن جہالت کے اندھیروں کے ہے مسکن　　ہر ہاتھ میں ہے علم کی مشعل مرے اللہ

''بند مٹھی کا بھرم'' ان کا پانچواں شعری مجموعہ ہے جو ان کی بے لاگ تحریر اور مخصوص بانکپن کا وہ لہجہ ہے جو ادبی دنیا کے ہر حلقے میں انھیں ممتاز و مکرم بنا چکا ہے۔وہ لکھتے ہیں اور بہت لکھتے ہیں اور اس کثرت بسیار گوئی نے انھیں بیک وقت ادیب، شاعر، ناقد، معلم اور کیا کیا

نہیں بنایا ہے۔وہ کثرت سے چھپتے بھی رہے ہیں۔ پربھنی کے ہفت روزہ سے لے کر جرمنی کے جدید ادب میں ان کی نگارشات ہاتھوں ہاتھ لی جا رہی ہیں۔ان کی اس کثرت اشاعت کا محترم یوسف ناظم اور مرحوم رضا نقوی راہی جیسے اکابرین ادب نے بھی اعتراف کیا ہے۔

محبوب راہی بقلم خود اپنی اس کثیر التخلیقات پر یوں گویا ہیں:

ملی ہے قدرت بسیار گوئی جن کو اے راہیؔ وہی کثرت سے لکھتے ہیں، وہی بسیار لکھتے ہیں

معروف ناقد و طنز و مزاح نگار یوسف ناظم اپنے مضمون ''محبوب راہی میدان ظرافت میں'' ان کے تعلق سے یوں اظہار کرتے ہیں:

''......اور اشہب قلم کو ایسی ایڑھ لگائی کہ وہ چاروں کھونٹ بے محابہ، بے تحاشہ، بے تکان اور سرپٹ دوڑتا ہوا کبھی غزل کے لالہ زاروں کی طرف جا نکلا تو کبھی نظم کے گلستانوں میں خوشہ چینیاں کرتا ہوا اور کبھی کبھی قطعہ و رباعی کی رنگا رنگ کیاریوں میں گلگشت کرتا دکھائی دیا''۔

(ڈاکٹر امین العامدار۔محبوب راہی۔ایک مطالعہ،ص ۱۲۰)

جیسا کہ اوپر عرض کیا جا چکا ہے محبوب راہی ایک ایسی راہ کے مسافر تھے جن کے راستے کھردرے اور منزل نہ جانے کہاں گم ہو چکی تھی۔ان کی شاعری ایک ایسے عہد میں تخلیق ہوئی جب جدیدیت اور مابعد جدیدیت نے انسانوں سے اس فکر و تخیل، بیزارگی اور لایعنیت کی جانب مبذول کرایا تھا اور اس سراسمگی والے ماحول نے ہر تخلیق کار کے ذہن و دل پر بیزارگی، خوف اور وحشت کی ایک دبیز چادر بچھا رکھی تھی۔ایسے ماحول میں ایک فن کار کا درد انسانیت کو محسوس کرنے کا جذبہ اس کے نہ صرف حساس ہونے کا ثبوت ہے بلکہ درد انسانیت پر مرہم لگانے والے طبیب کے پُر خلوص ہونے کی ضمانت بھی ہے۔بند مٹھی کا بھرم (۱۹۸۴ء) فطرت انسانی کے نباض کے طور پر ابھرا اور اپنے اندر ایک جہان معنی کا سلسلہ آباد کرتے ہوئے درد و الم سے بھری ہوئی اس کائنات میں انسانوں کو غم گساری کا سبب بھی بنا۔

گو کہ ان کی شاعری ۱۹۸۰ء سے پہلے بھی اپنی رمزیت اور بلیغ مفہومیت کی وجہ سے پہچانی جاتی رہی ہے جس میں ان کا لہجہ اپنے ہم عصروں اور پیش رووں سے مختلف بھی ہے اور پُر تاثیر بھی۔ان کے یہاں ابہام کا عنصر موجود ضرور ہے لیکن وہ خیالات کو کسی دائرے میں محصور نہیں کرتا بلکہ شعر کی وسعت میں اضافے کا باعث بنتا ہے۔جس کی مثالیں ان کے پہلے مجموعے ''ثبات'' میں جا بہ جا ملتی ہیں۔

میں تو خاموش ہوں حالات کی سفاکی پر جانے پھر کون ہے جو چیخ رہا ہے مجھ میں

''ثبات'' کے علاوہ بیس برسوں میں ان کے مجموعہ ہائے کلام تردید، بازیافت، پیشرفت، بند مٹھی کا بھرم اور غزل رنگ بھی منظر عام پر آئے جن میں اس لہجے کی شاعری کے نمونے جا بہ جا ملتے ہیں۔

باہر تو ہے حد نظر تک دھواں آگ اور گرد و غبار کیا ہوگا اک اپنے گھر کے اندر گلشن رکھنے سے

میرے مالک میرے اندر یہ اک آگ سی بھر دی کیوں ہے

رسائی کیسے سوچ تک تمہاری تمہارے ذہن میں جالے بہت ہیں

تصنع سے رہا ہے پاک لہجہ ہمارا کھردرا بے باک لہجہ

معروف نقاد شمس الرحمٰن فاروقی اپنے مضمون ''محبوب راہی۔ایک باصلاحیت شاعر'' میں اس طرح رقم طراز ہیں:

''محبوب راہی کی غزل میں بے تکلفی اور روانی جا بجا نظر آتی ہے۔ وہ دنیا کو کڑی نگاہ سے دیکھتے ہیں اور جب جو کچھ انھیں نظر آتا ہے وہ ان کے جذبہ برہمی و ناآسودگی کو اور بھی شدید کر دیتا ہے۔لیکن محبوب راہی کا کمال یہ ہے کہ وہ اپنے غصہ کو کاغذ پر بے محابہ اگل نہیں دیتے۔ وہ رواں اور شگفتہ زبان میں اور مشکل لیکن بولتی ہوئی زمینوں میں اپنی برہمی اور احتجاج کا اظہار کرتے ہیں''۔ وہ اپنے عہد کی منہ بولتی تصویر بن کر اُبھرتے ہیں اور ذہنی ونفسیاتی امراض میں مبتلا افراد کا تذکرہ خود اپنی ذات کے حوالے سے یوں کرتے ہیں:

کر دی مسدود میرے راستے جس نے تمام کر گیا جو سارے دروازے مقفل کون ہے

ہمارے شہر میں اب سارے ابن الوقت بستے ہیں ہمارے شہر میں کوئی کسی کا ہو نہیں سکتا

محبوب راہی کی شاعری میں صاف گوئی اور بے باکی کا قرینہ ان کی شخصیت کو ممتاز اور پُرکشش بناتا ہے۔ یوں بھی عشق و محبت اور صداقت پسندی آپ کا طرۂ امتیاز ہے۔

ہاتھ جاتے ہیں سرتن سے جدا ہوتے ہیں کھیل بچوں کا نہیں حرف صداقت لکھنا

ان کے کلام نے انھیں عزت، عظمت، توقیر پذیرائی بخشی۔ مسلسل محنت اور متواتر کاوشات نے انھیں پرائمری اسکول سے ڈگری کالج کے پرنسپل کے عہدے تک سرفرازی عطا کی۔ وہ پوری ایمانداری کے ساتھ نئی نسلوں کی آبیاری کے فرائض انجام دیتے رہے۔

محبوب راہی جدید فن کاروں کی طرح اپنی ذات کے کرب کا رونا نہیں روتے۔ ہاں کبھی کبھی وہ مایوس ہو کر ہمت ہارتے نظر آتے ہیں لیکن پھر اٹھ کھڑے ہوتے ہیں۔ اسی تندہی اور برق رفتاری کے ساتھ کہ اس دور میں جستجوئے زیست اور تلاش منزل کی جانب اپنا سفر جاری رکھنا نہایت دیدہ دلیری اور ہمت جواں مردی کا تقاضا رہا ہے اور محبوب راہی نے اس کا ثبوت اپنی منتہائے فکر وفن میں خود وضح کیا ہے۔

آج کو اپنے قابو سے مت جانے دو کل کو چھوڑ و، کل کو کس نے دیکھا ہے

مجھے یقیں ہے کہ ہر اک محاذ پر مجھ کو مرا یقیں ہی ظفر یاب کرنے والا ہے

محبوب راہی طبعاً ادب شناس اور خود احتسابی کے قائل بھی ہیں۔ اپنی ۴۵ رسالہ تخلیقی زندگی میں انھوں نے غزل، مذہبی شاعری، اجدب اطفال، تحقیق وتنقید وتبصرے اور طنز ومزاح پر مبنی کئی گراں قدر مقالے تحریر کیے ہیں جنھیں وہ خود اپنی طبیعت کی بے اعتدالی پر محمول کرتے ہیں۔ وہ کہتے ہیں:

''خدائے بخشندہ کی ودیعت کردہ فکری توانائی کے استعمال میں محتاط روی اور اعتدال پسندی کے بجائے بے اعتدالی اور بد احتیاطی روا رکھی''

دراصل ان کی اسی افتاد وطبع (ادبی لاابالی) نے ان سے نظم ونثر دنوں میں خوب لکھوایا۔ وہ ادب کے لکھاری بن کر مختلف جریدوں اور رسائل میں چھپتے رہے نیز داد سخن پاتے رہے۔ یہاں تک کہ جو بھی لکھا حسب مراتب لکھا اور اتنا لکھا کہ ان کی ان خدمات کا اعتراف ایک مضمون میں کیا ہی نہیں جا سکتا۔ ان کے لیے ایک ضخیم کتاب یا وقیع مقالے کی ضرورت ہے۔ بہ قول وارث علوی:

''آپ نے نثر ونظم میں اتنا لکھا ہے کہ اس سے انصاف مضمون نہیں بلکہ ڈاکٹریٹ کا مقالہ ہی کر سکتا ہے''

تدریسی خدمات سرانجام دیتے ہوئے انھوں نے قابل ستائش ادبی خدمات بھی انجام دیں۔ ان کی تخلیقات میں طفل منظومات، نظمیں، غزلیں، رباعیات، قطعات، مذہبی و اخلاقی منظومات اور نعتوں کے علاوہ طنز مزاحیہ منظومات بھی شامل ہیں۔ علاوہ ازیں انھوں نے سہرا اور رخصتیاں بھی لکھی ہیں۔ ان کے نثری مضامین ''ترجیحات و توضیحات'' اور تحقیقی و تنقیدی مضامین ''تجزیات و تعبیرات'' منظر عام پر آ چکے ہیں۔

دراصل محبوب راہی کی فکری زندگی کا آغاز ۱۹۵۷ء میں اپنے دور معلّی کے دوران ہوا جب وہ اپنے استاد پروفیسر مصطفیٰ خان صاحب کے مشفقانہ حکم کی تعمیل میں ایک کل ہند طرحی مشاعرے میں طوعاً و کرہاً شامل ہوئے۔ ان کی پہلی غزل ۲؍ اپریل ۱۹۶۲ء کے روزنامہ اردو ٹائمز ممبئی میں شائع ہوئی۔ عمر اور تجربے کی مختلف منزلوں سے گزرتے ہوئے انھوں نے غزل کے علاوہ شاعری کی تمام مروجہ اصناف پر بھی ہزاروں صفحات سیاہ کر دیئے۔ بچوں کی نظموں کے تین مجموعے ''رنگا رنگ، گل بوٹے اور نئی پھلواری'' مقبول خاص و عام ہو چکے ہیں۔

تمام اصناف شعر و سخن میں رباعی ایک مشکل ترین تسلیم شدہ صنف ہے۔ محبوب راہی نے اس کا بھی حق ادا کر دیا ہے۔ ان کے وسیع وو قیع سرمایۂ ادب میں گرچہ دیکھا جائے تو ان کے مجموعہ غزلیات ''پیش رفت'' میں پچیس رباعیات اور سرمایہ نجات میں اخلاقی موضوعات پر نو، نعتیہ گیارہ اور تین حمدیہ اس طرح منجملہ اڑتالیس رباعیات شامل ہیں۔ ساتھ ہی ساتھ راہی صاحب نے ڈاکٹر مظفر حنفی کی حیات اور کارناموں پر مقالہ سپرد قلم کر کے پی ایچ ڈی کی سند بھی لے لی ہے۔ مظفر حنفی جیسے خلاق ذہن رکھنے والے فن کار پر تحقیقی و تنقیدی مقالہ قلم بند کرنا راہی صاحب کی تحقیقی جسارت کی گواہی دیتا ہے جس کے لیے وہ نہ صرف ادبی فاتح بلکہ ایک کامیاب تحقیق نگار کی حیثیت سے اپنے آپ کو تسلیم کروا چکے ہیں۔

ڈاکٹر مظفر حنفی صاحب نے بھی ان کے مختلف اشعار کو پسندیدگی کی سند عطا کی ہے اور سراہا ہے۔ کچھ مثالیں حاضر ہیں:

رکھتا ہے مرے گھر کے در و بام روشن
ہمسائے کی کھڑکی سے نکلتا ہوا سورج

جلا بیٹھوگے نا حق ہاتھ اپنا
میاں! آنسو ہیں یہ شبنم نہیں ہے

یوسف اک اپنے دور کشاکش کا میں بھی ہوں
میرا معاملہ بھی مرے بھائیوں سے ہے

نادان! واہموں کے تعاقب سے باز آ
کوئی نہیں کسی کا یقیں کر مرے عزیز

تری تلاش تو گویا کہ اک بہانہ ہے
مجھے رہی ہے خود اپنی ہی جستجو اللہ

یاد رہے کہ محبوب راہی جیسے یگانۂ روزگار و تخلیق کار قدرت بار بار نہیں پیدا کرتی۔ صدیاں گزرتی ہیں جب محبوب راہی جیسا دیدہ ور عالم وجود میں آتا ہے۔

جو کچھ تھا بند مٹھی کا بھرم تھا
کھل مٹھی تو دیکھا کچھ نہیں ہے

ooo

شہباز راجوروی کی غزل میں تلمیحاتی شعور

ڈاکٹر محمد آصف ملک

(1940 - 2021)

غزل ایجاز و اختصار پر اصرار کرتی ہے۔اس میں معنی آفرینی، مضمون آفرینی، اثر آفرینی اور معنی کی تکثیریت کے لیے رنگارنگ شعری وسائل اور حربوں کو برتا جاتا ہے، ان ہی شعری وسائل میں سے ایک کثیر المعانی وسیلہ تلمیح ہے۔تلیح اس شعری وسیلہ کو کہتے ہیں کہ کلام میں ایسا لفظ یا کلمہ بھرتا جائے جس سے کسی تاریخی واقعہ، تاریخی شخصیت، یا کسی مخصوص تہذیب وثقافت کی طرف اشارہ ہوسکے۔اس کا استعمال شاعر اپنے شعری پیانے میں اس لیے کرتا ہے کہ ایک تاریخی، شخصی یا ثقافتی وتہذیبی پس منظر ایک کلمے میں سمٹ آئے۔کیوں کہ ایک تخلیق کار ایک محشر خیال رکھتا ہے لیکن زبان میں اتنے الفاظ نہیں ہیں جن میں وہ اپنے ان خیالات کو مکمل طور پر ادا کر سکے اور وضاحتی لفظیات میں کئی طرح کی پابندیوں کے سبب وہ اپنے مافی الضمیر کو پیش کرنے سے قاصر ہوتا ہے، جس کے سبب وہ اشاراتی، ابہامی اور تلمیحاتی ڈکشن کا سہارا لیتا ہے۔اس پیرائے کو برتنے میں وہی تخلیق کار کامیاب ہوسکتا ہے جو تخلیقی عمل پر دسترس رکھتا ہو۔چونکہ تلمیح کسی روایت، کسی تہذیب، کسی کردار کی آئینہ داری کرتے ہوئے دو مختلف عہدوں کی تہذیبی، فکری، عملی، تمدنی اور تاریخی حالات و کیفیات کے ڈانڈے ملاتی ہے اور موازناتی عمل سے گزرتے ہوئے مثبت یا منفی نتیجہ نکالتی ہے۔اگر اس تلمیح کو ایک اچھا اور بڑا فنکار برتے تو وہ معانی کی تکثیریت اپنے تخلیقی عمل سے شعری سانچہ میں فن کاری سے پیدا کرسکتا ہے۔اس طرح اس کا اظہار ابلاغ وترسیل کی ندرت و جمالیات کے ساتھ اعجازی شان پیدا کر لیتا ہے۔ہاں اگر کسی اچھے یا بڑے فن کار کے تخیلی تخلیقی عمل سے یہ نہ گذرے تو اس تلمیحی حربے میں نہ وہ معنی کی وسعت، نہ حالات کی موازناتی صورت پیدا ہوسکتی ہے اور نہ ہی وہ کیفیات میں ہیجان پیدا ہوسکتا ہے، تلمیح جس کی متقاضی ہے۔

بعض شعرا تلمیح برائے تلمیح کے عمل سے گذر جاتے ہیں اور وہ اس کے تخلیقی جمال سے محروم رہ جاتے ہیں، وہ اپنی شاعری میں تلمیحات کا ہجوم تو برپا کر لیتے ہیں لیکن تلمیح کی معنویت سے تہی دامن رہ جاتے ہیں۔اس طرح ان کی مستعمل تلمیحات اکہرے پن کا شکار ہوجاتی ہیں۔

اگر کسی شاعر نے تلمیح کا استعمال تو کیا ہے لیکن دونوں عہدوں کے حالات و کیفیات کا موازنہ اس نے اپنی تخلیقی شعور میں نہ کیا تو اس کا معنی خیز نتیجہ نکلنا عنقا کے مصداق ہے۔اسی طرح بعض شعرا کو شعروں کی تعداد بڑھانے کا بڑا شوق رہتا ہے جس کے سبب ان کا شعری اظہار خام شکل میں وجود پذیر ہوتا ہے، نتیجہ یہ نکلتا ہے کہ وہ اظہار قاری یا سامع کو اپنے جذباتی اور شعوری گرفت میں لینے سے قاصر رہتا ہے۔

اس مقالے میں راقم کی یہ کوشش رہی ہے کہ شہباز راجوروی کے غزلیہ کلام میں تلمیحاتی شعور کا جائزہ لیا جائے تا کہ میں اس کے تہذیبی اور تلمیحی شعور تک پہنچ سکوں کہ ان کے شعور، تحت الشعور یا لاشعور میں کس تہذیب کی کارفرمائی رہی ہے۔اس حوالے سے میرے مطالعہ کا نتیجہ یہ ہے کہ ان کے یہاں حضرت انسان کلیدی حیثیت رکھتا ہے۔اس لیے وہ مختلف پیرائے میں تعمیرِ آدم یا آدم گری کی بات کرتے ہیں۔جہاں وہ جنت سے آدم کا سفر دنیا، ابراہیم وموسیٰ، رسول اللہ اور اسلامی اہم کرداروں کا عکس آج کے انسان میں دیکھنے کے متمنی ہیں، وہیں وہ علمی، فلسفی اور دانش کے گوناگوں رنگ بھی ذریت آدم میں پیدا کرنے کے خواہش مند ہیں۔ان کے یہاں جہاں ایک طرف خدائے واحد کے

سامنے سجدہ ریزی عاجزی اور ہیچ پن کی کیفیات کا احساس ہوتا ہے، وہیں دوسری طرف سسکتی آہوں کے پردے میں (کہیں کہیں) اپنے خالق کی بارگاہ بے نیاز میں شکوے کے سر بھی ابھرتے ہوئے محسوس ہوتے ہیں۔ ان کی برتی ہوئی تلمیحات سے واضح ہوتا ہے کہ وہ کل اور آج کے سماج، کردار، تہذیب اور تاریخ کا شعری موازنہ کرنے پر مصر ہیں اور ان لفظیات کے بین السطور میں، اصلاح اور پیغام کا جذبہ رکھتے ہیں:

(۱) واعظاں، سدرئ نشیں لفظ ''اقراء'' بیچ کر (لمس خوشبو، ص۱۰۴)

(۲) میسر کب ہوا تھا وصفِ ارنی شکایت 'لن ترانی' کی ہو کیوں کر (ایضاً، ص۱۱۱)

(۳) یہ دنیا ہے نہیں وادِ طوئ' یہ دکھاتی راستہ، غیبی ندائیں (لمس خوشبو، ص۱۲۱)

لیکن ان کی برتی ہوئی تلمیحات بعض مقامات پر اکھرے پن کا شکار ہو جاتی ہیں۔ ان میں دو عہدوں کے موازناتی عناصر پیدا نہیں ہو پاتے جس کے سبب وہ وسیع معنویت خلق نہیں ہو پاتی جس کا تلمیح تقاضہ کرتی ہے۔ ہاں یہ بات ضرور ہے کہ کہیں کہیں ان کی تلمیحاتی ہم آہنگی مشترکہ تہذیب کے عناصر کے سبب اپنی اور ایک خاص کیفیت کے ساتھ متوجہ کرتی ہے۔ مثلا:

پیا شنکر نے سارا زہر پھر بھی لہو کتنا بلوتا ہے سمندر

(لمس خوشبو، ص۱۱۵)

شہباز راجوروی سیاسی اور سماجی گہرا شعور رکھتے تھے۔ سماج اور سیاست کے دائرے میں جو بے اعتدالیاں اس جہان میں وجود پذیر ہوئی ہیں، یا مظلوموں کی آہ و بکا ان کے کانوں سے ٹکرا کر اور ماتھے کی نگاہوں کے ذریعے دل تک اتری ہیں ان کو خاص طور پر شہباز راجوروی نے اپنے تلمیحاتی شعور میں شامل کر کے تخلیقی عمل کے ذریعے شعری سانچوں میں ڈھالا ہے۔ ان تلمیحات کی انفرادیت یہ ہے کہ ان کو انہوں نے جغرافیائی زاویوں میں تخلیق کیا ہے اور کہیں کہیں ظلم و جبر کو کسی خاص خطے کے حصار میں رکھا ہے۔ ساتھ ہی ساتھ مالک حقیقی سے معصومانہ شکوہ بھی کیا ہے۔ چند شعر ملاحظہ ہوں:

انتہا در انتہا سوچا گیا حضرت انسان کو بھیجا گیا

کون کہتا ہے کہ جہلم ہے رواں اس میں بچوں کا لہو بہتا گیا

دور تک بارانِ خون اور محشر سوچنا!

پاسبانی گل رخوں کی تھا سوال ادھ کھلے غنچوں کو بھی نوچا گیا

اے خدا تیری زمین خوں رنگ ہے کتنے چنگیزوں کو ہے سونپا گیا

(لمس خوشبو، ص:۹۵-۹۹)

اس کا ذکر ہو چکا ہے کہ شہباز راجوروی ایک طرف خدا کی بارگاہ میں سجدہ ریز ہیں تو دوسری طرف آدم کا جنت میں پیدا کیا جانا، وہاں سے ارض بیابان میں اتارا جانا، اس کا جہانِ فانی کی محنت و مشقت کو برداشت کرنا اور ایک اجنبی پرندہ کی شکل جہانِ بے سمت کی جانب دھکیل دینا، اس کے سبب ذریت آدم کا آوارہ ہو جانا، ان تمام مسائل پر فکر مند ہیں۔ وہ ان مسائل کو کسی حد تک فلسفیانہ اور نہایت غم ناک، حیرت و استعجاب کی کیفیات سے پُر تلمیحاتی اصطلاحوں میں ڈھالنے کی کوشش کرتے ہیں۔ ان کی ذات میں آدم کے بے وطن ہونے اور آدم گری کا کرب

رچا بسا ہے، یہ واقعات اور مسائل ان کے تلمیحاتی شعور کو منفرد بنا دیتے ہیں:

میری تخلیق میں شامل نہ تھا میں — جہاں بے سمت کہیں بھیجا پرندہ

یہ مشتِ خاک ہنگامہ دو عالم — عجب سودا سمایا ہے سروں میں

اداسی نوچ لیتی ہے تخیل — جہنم اور جنت کیا کروں میں

وہ سانسیں لمس خوشبو گفتگو میں — تجھے کیا جہانِ بے وفا ہے

سزاوارِ ترحم ہوں میں شہبازؔ — دلِ مضطر میں جیسے کربلا ہے

دیکھ میرا حوصلہ — "اهبطو" فرمان ہوں

ہوں خلاؤں میں رواں — من علیھا فان ہوں

(لمس خوشبو،ص:۹۳، ۹۴، ۱۰۱، ۱۱۹)

شہباز رجوی نے مذہبیات پر بھی خاص توجہ دی ہے۔ رسول اللہ صلی اللہ علیہ وسلم، صحابہ اور تابعین کے زمانے کے بعد دین کی ظاہری رسومات میں خارج سے بہت ساری رسمیں در آئی ہیں، جس کے سبب دین کے ماننے والوں میں ضعیف الاعتقادی پیدا ہوگئی ہے۔ ان خواہشاتی رسوم کو ادبی تعبیرات و تلمیحات میں شہباز راجوروی نے نشان زد کیا ہے۔ انہوں نے اسلامی اور غیر اسلامی روایات کو نتھے سے شعری پیمانے میں یکجا کر کے دونوں کی خرابیوں، خامیوں اور اچھائیوں یا خوبیوں کو اجاگر کرنے کی سعی کی ہے۔ ایسے وصفوں کے چند شعر ملاحظہ ہوں:

(۱) روح نے پہنا میلا چولا — رند قلندر کون قرینہ

(۲) سنا ہے جامِ جم بھی راز داں تھا — بتائے کیا سجائے مقبروں میں

(۳) کیا ہے دلقِ اویس بزمِ جسم — راستے ہیں شعور کے پرخم

(لمس خوشبو،ص:۹۷، ۱۰۰، ۱۱۸)

شہباز راجوروی مذہبی، سماجی، سیاسی، علمی اور ادبی گہرے شعور کے مالک رہے ہیں۔ اس لیے ان میں سے کسی میں بھی اگر وہ کوئی بے اعتدالی، خرابی یا کراہت دیکھتے ہیں تو وہ مضطرب ہو جاتے ہیں۔ ان کا کرب ذریتِ آدم کا اس جہانِ بے سمت میں آوارہ ہو جانا، سیاست کا ظلم و جبر کو روا رکھنا، سماج کا اپنی روایات کو پس پشت ڈال کر نئی نئی رسومات قائم کرنا ہے۔ اس روش کو وہ اپنے لیے زہرِ ہلاہل قرار دیتے ہیں۔ خاص بات یہ ہے کہ وہ سقراط کی طرح زہرِ ہلاہل پینا پسند نہیں کرتے بلکہ زہر ہلاہل کو تریاق میں بدلنے پر اصرار کرتے ہیں۔ ان کا کرب حضرت انسان کی رسوائی اور بے اخلاقی کا کرب ہے۔ یہ کرب ان کی ذات کا کرب بن کر ان کی شاعری کی نسوں سے ابھال کھاتا ہے۔ ان کے اس کرب اور انسانی شعور پر مبنی چند تلمیحاتی اشعار ملاحظہ ہوں:

(۱) میں سقراط نہیں ہوں شہبازؔ — زہرِ ہلاہل کیسے پینا

(۲) رات ہے سوئی ہوئی — چشم ہے شہبازؔ تر

(۳) بات میں ہیں بجھے ہوئے نشتر — صورتیں خوش لباس لگتی ہیں

(۴) کون کہے وہ ہارا تھا کوہ کنی بھی ایک ثمر ہے

(لمس خوشبو،ص:۹۷،۱۰۳،۱۱۰،۱۱۳)

شہباز راجوروی نے نثر و نظم دونوں ہیئتوں میں بہت کچھ لکھ کر خطۂ پیر پنجاب کے ادبی ذخیرے میں شامل کیا ہے۔ وہ ادب پر کس قدر دسترس رکھتے تھے اس کا اظہار بھی انہوں نے اپنی شاعری میں جا بجا کیا ہے، ادبی تلمیحات سے ان کے ادبی شعور سے پردہ اٹھتا ہے۔ انہوں نے جہاں غالب کو خراج عقیدت پیش کیا ہے وہیں جبرائیل کی نطقیت پر بھی ایمان لایا ہے۔ غالب اور جبرائیل کے درجے اور نطق کے بیان کے ساتھ ہی ساتھ اپنے نطق کی طرف اشارہ بھی کیا ہے۔ یعنی ان کو یہ احساس تھا کہ وہ ایک معیاری ادیب و شاعر ہیں لیکن ان کی ادبی تلمیحات کہیں کہیں مکمل معنی و مفہوم کی ترسیل (ادائیگی) میں پیچیدگی اور ژولیدہ بیانی کا شکار بھی ہوئی ہیں۔ لیکن مجموعی حیثیت سے وہ اس شعری حربے کے برتنے میں کسی حد تک کامیاب ہیں۔ درج ذیل اشعار میں ان وصفوں کو محسوس کیا جا سکتا ہے:

(۱) میں فقط ایک بلبلا بحر پایاں نظر غالب امعانِ شناس اب کہاں ویسے گہر

(۲) حرفِ روی پر لکھ تو غزل دیکھ یہاں ہیں اہلِ ہنر

(۳) کن فکاں، سایہ فگن جیسے ملا جاوداں ملتی روانی لفظ کو

(۴) سمندر، استعارہ اور تشبیہ یہ کیا شہباز ہوتا ہے سمندر

(۵) نطق جبرئیل بس کی بات نہیں نامکمل کتاب رہنے دے

(لمس خوشبو،ص:۹۶،۱۰۳،۱۰۶،۱۱۵،۱۱۶)

آخر میں یہ کہا جا سکتا ہے کہ شہباز راجوروی کی شاعری میں تلمیحاتی پیرائے میں سماجی، سیاسی، مذہبی، اصلاحی، علمی، ادبی اور مختصر یہ کہ آدم گری کا شعور سمٹ آیا ہے۔ اس بات کے کہنے میں مجھے کوئی تامل نہیں ہے کہ انہوں نے اپنی شاعری اور بالخصوص غزل میں تلمیحاتی پیرائے میں مذکورہ بالا شعور کے مختلف رنگوں کو شعری قالب میں ڈھالنے کی کامیاب اور حسین سعی کی ہے۔

000